U0652303

当努力的方向是对的时，
工作能力才有被谈论的价值。

一个人自信的程度和他内心对成功的渴望程度成正比，

你不是缺乏自信，你只是渴望成功的程度还不够。

一个人要知道自己想成为什么样的人，知道自己要去哪里，之后的每一步，都往那个方向前进。

Basic Logic

人生不能像做菜，把所有的料准备好了才下锅，
毕竟成年人的世界不会事事都等你准备充分。

无论你想要去怎样的远方，
你的出发点永远在当下。

Basic Logic

和 100 个优秀的人聊天，
你可能就是那第 101 个优秀的人。

Basic Logic

北京很冷，房价很高，工作很累，但是留在北京有 100 种好处。
在这里，可以实现我的梦想。

要去做好一件事，
而不是做坏很多件事。

底层逻辑

底层逻辑

厉害的人如何实现人生逆袭？

吕白◎著

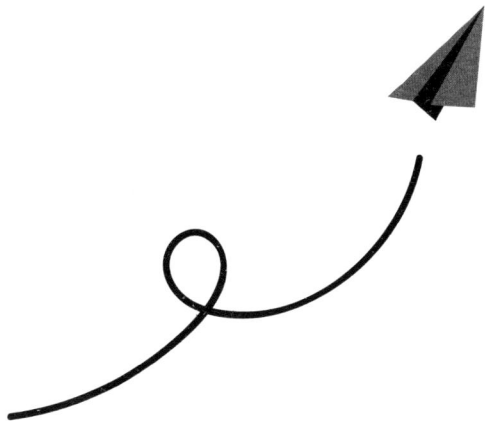

湖南文艺出版社
HUNAN LITERATURE AND ART PUBLISHING HOUSE

博集天卷
CS-BOOKY

© 中南博集天卷文化传媒有限公司。本书版权受法律保护。未经权利人许可，任何人不得以任何方式使用本书包括正文、插图、封面、版式等任何部分内容，违者将受到法律制裁。

图书在版编目（CIP）数据

底层逻辑 / 吕白著 . -- 长沙：湖南文艺出版社，2021.9（2023.11 重印）

ISBN 978-7-5726-0317-4

Ⅰ .①底… Ⅱ .①吕… Ⅲ .①成功心理－通俗读物 Ⅳ .① B848.4-49

中国版本图书馆 CIP 数据核字（2021）第 154877 号

上架建议：畅销·成功励志

DICENG LUOJI
底层逻辑

作　　者：吕　白
出 版 人：陈新文
责任编辑：刘雪琳
监　　制：于向勇
策划编辑：刘洁丽
文字编辑：赵　霞
营销编辑：段海洋
封面设计：末末美书
版式设计：李　洁
内文排版：麦莫瑞
出　　版：湖南文艺出版社
　　　　　（长沙市雨花区东二环一段 508 号　邮编：410014）
网　　址：www.hnwy.net
印　　刷：长沙鸿发印务实业有限公司
经　　销：新华书店
开　　本：875mm × 1230mm　1/32
字　　数：194 千字
印　　张：8.75
插　　页：4
版　　次：2021 年 9 月第 1 版
印　　次：2023 年 11 月第 5 次印刷
书　　号：ISBN 978-7-5726-0317-4
定　　价：48.00 元

若有质量问题，请致电质量监督电话：010-59096394
团购电话：010-59320018

Contents

目 录
底 层 逻 辑

第二部分
突破阶层的四个关键

Contents

第三部分

向上进阶的三大思维

底　层　逻　辑

第四部分
锚定未来的四大策略

Contents

底 层 逻 辑

Preface

自序

野蛮生长的这 5 年

> 这个宇宙希望你成为普通的人，并千方百计地吸引着你。千万别让它成为现实。
>
> ——亚马逊创始人　贝佐斯

知乎上有一个热点话题：有哪些道理让你后悔没有早点知道？

该话题有 80 多万人关注，24,000 多个回答，浏览量超 1.5 亿。

也曾有读者问过我这个问题。那是在我第四本书开新书发布会的时候，台下有一位大学生问我："吕白老师，有哪些道理是你后悔没有早点知道的？"

我愣了一下，脑海里闪过无数个瞬间。"太多了，真的太多了！如果时间允许，我可以跟你说一天！"我说。

我这么说绝不是危言耸听。虽然跟大部分人相比，我走得稍微快一些，但我也走了大量的弯路，错过了很多次让自己的收入比现在多几十倍的机会。

过去 20 年，在传统教育体系里，我算是典型的失败者。

我曾无数次感到自己会度过失败的一生：

小学三年级以后，我就再也没考及格过；初中上的是一所非常普通的学校，还差点没考上高中，被分到的班级里，在我之后有将近 50 人都是花建校费进来的；高考只有考艺术类专业，才考上本科学校；大学里学了航空乘务专业的同学多数进了航空公司，一毕业就月薪破万，而我拿着 3000 元的工资北漂，从事新媒体行业……

从小到大，我几乎没被别人夸奖过。上学的时候，我无数次因为调皮捣蛋让父母为我操心，甚至有几次，老师叫家长来谈话，劝退我。我无数次被拿来与别人家的孩子做比较。

很多时候，我都被各种世俗的规则束缚，活在别人的评判标准里。

我对"时间管理"疯狂迷恋，尝试了各种名师推荐的方法：番茄管理法、四象限法则……但均以失败告终。

我也不够自律，无法坚持学习，坚持看书，坚持早睡早起。还记得上中学时，"成功学大师"来学校做励志演讲，"大师"在台上说：自律的人才能成功。当时，我一度想要放弃自己，因为从小到大，甚至到今天，我都是一个极其不自律的人。

我会不自觉地发呆，做不到勤奋，工作缺乏耐心，不够博学，所有"只有做到，你才会成功"的事情，我基本都做不到。

我追求过很多虚无缥缈的东西，为了取得成果太过用力。

我有一段时间很拼命，在大学发传单做地面推广，在新媒体公司写稿。

因为家境普通，所以必须拼搏；因为有极大的欲望，所以必须用力。我想把一天24小时当成48小时来用，想把传单发完，拿到最高奖金，想把新媒体公司的"最佳标题奖""最高阅读量爆款奖""勤奋写作奖"都拿到手。我想得到别人的肯定，听那句夸奖："哇，他好厉害！"

但"用力"这个词后面通常跟着"过猛"二字。

为了追求结果，我经常忽视了更重要的东西。因为发传单做地面推广，我没有心思上课，也没想过其他出路；因为想靠文章数量多来得到最高的奖金，我没有认真研究过爆款文章，导致写的稿子几乎都被"毙"掉。

我想要的太多，想要他人夸奖，想要证书肯定，想要奖金回报，不懂做减法，不懂集中精力和时间做更重要的事，不懂太用力会走不远，更不懂"流水不争先，争的是滔滔不绝"这句话的含义……

正如知乎上那个回答后面的高赞评论所说：人生是一场马拉松，不是百米赛跑，不用拼命冲刺，一直努力就好。

我也曾靠运气赚过钱，但最后全都"凭本事"亏完。

我人生中的第一个100万是在大学赚的。

也许你会说，在这一点上，我已经赢了很多同龄人。没错！但你知道吗？当时我有一种暴发户的心态，买了很多奢侈品。因为是第一次有钱，所以我极度膨胀。后来，我的第一个100万亏得很快。

我从未想过将来有一天我能成为一个作家，写的书能出版，甚至还有一份收入颇丰的工作。

那么，我这样一个失败的人，又是怎么取得现在的一些成绩的呢？

我对成功有莫大的渴望，甚至可以说有强烈的欲望。

我是一个非常需要被别人认同的人，我想成为一个很厉害、很厉害、很厉害——三个"很厉害"一个都不能少——的人。

所以，我在遭遇别人的否定和不认同时，都抱着一种无所谓的心态，我会认为这都是暂时的，都会过去。我非常豁达，我知道自己的目标是什么。1次做不成，就做100次；100次做不成，就做10,000次，直到做成为止。

如果我不能成为自己希望成为的那种人，那我生而有憾！

我崇尚"先干再说"。

我做所有事情，包括写文章，都是从先做出一个特别不完美的版本开始的。不管有多不完美，都首先要有，然后再修改、迭代，修改完了再看，看完以后再改，一般改3~5次，就能实现"从0到1"的蜕变，然后再改5~10次，实现"从1到10"的飞跃。

我从小闭环开始，用对的方法做成了很多事，后来又靠工作赚回一些钱，慢慢赚到了第二个 100 万、第三个 100 万……

世界上根本不存在"万事俱备再出发"这回事。

脸书的创始人扎克伯格的办公室里有这么一句标语：Done is better than perfect。

意思是：完成比完美更重要。

我会经常让自己闲下来做复盘和自我"清洗"。

黑格尔有句名言：博学不是真理。哲学家王东岳认为，思想整顿才是获得知识力量的源泉。

其实，时间管理是一个伪命题，博学也不是绝对的真理。人与人之间会产生区别的最大原因在于对时间的利用率，能否把精力放在最重要的事情上，能否洞察本质。这些都需要通过不断复盘来实现。

我喜欢复盘，每天、每星期、每月、每年都会复盘。

我习惯早晨洗澡，在密闭的屋子里，在花洒喷出的水的压力下思考人生，"冲洗"思想；我习惯晚上下班后独自去泡温泉，放空自己，漫无目的地思考和复盘。

我经常回顾我某一阶段的自我成长：我做对了什么？做错了什么？怎样才可以做得更好？

我会研究"大咖"做了什么，而不是说了什么。

相比听"大咖"说了什么，我更关注他们做了什么，因为他们的有些话就是自我宣传，就是为了应对媒体，炒出热度。

相比研究"大咖"的现在，我更喜欢关注他们的过去，关注他们还未崭露头角时的经历。人的所有决策，底层逻辑一定是来源于他们过去的一套成功的选择逻辑。

然后，我发现了两点：

1."大咖"都坚守着世间最简单的真知和信念，并且知行合一。

如果有机会采访《原则》的作者瑞·达利欧，我可能会提出这样一个问题：您认为对您来说重要的10条原则是什么？

我们往往喜欢挖掘大佬身上的特质、优点甚至成功秘籍，其实他们讲的很多都是简单朴素的道理，比如很多企业家都在研究王阳明提出的"知行合一"、老子的《道德经》。

大道至简，其实，很多底层逻辑、原则我们早已知道，只是，"知道"不等于"懂得"，"懂得"也不等于"做到"。因为懂得常识的人很多，但践行常识的人太少。正如杰克·韦尔奇留下的一句箴言：你们知道了，但是我们做到了。

2."大咖"也是普通人，他们不应该被神化，你和"大咖"之间的差距也并没有你想象中那么大。

搜狐公司CEO（首席执行官）张朝阳坚持每天只睡4个小时；北京字节跳动科技有限公司创始人张一鸣强调延迟满足感，没有短期欲望；万达集团董事长王健林每天工作12小时，还在坚持健身……

外界新闻报道总是喜欢写"成王败寇"的故事，把成功者过度夸大，其实他们也是和你我一样的普通人，也有人性的弱点，也有欲望，也有不足。

张一鸣在字节跳动9周年年会上说，外界传他是神人，是一个没有感情的机器人，一直工作，没有欲望。其实不然，他说，我在生活中，不算特别有规律，也不算特别有纪律性，经常看手机，听音乐，看头条，浏览抖音和西瓜视频，跟外界传说的不太一样。有时候他晚上计划做一项工作，后来被西瓜视频上有意思的内容吸引了，就玩手机玩了很久。睡前又有点懊恼，觉得要做的事情还没有做，就报复性地工作一会儿，结果又导致晚睡，第二天在重要会议上精神很不好。他说，其实这个时候应该做的就是赶紧休息。他现在虽然还是经常没有计划性，但至少发现太晚了的时候不懊恼，马上去睡觉。

写到这里，我停了停笔，想起乔布斯在斯坦福大学的那段演讲：

你的时间有限，不要为别人而活。不要被教条所限，不要活在别人的观念里。不要让别人的意见左右自己内心的声音。最重要的是，勇敢地去追随自己的心灵和直觉，只有自己的心灵和直觉才知道你自己的真实想法，其他一切都是次要。

人生可能就是这样一个过程，只有经历过，才能懂得。

而经历的方式有两种，要么自己经历一遍，要么看别人走过的弯路。

第一种方式太累，太折腾，披荆斩棘一路，可能无功而返。所以，我建议你采用第二种方式。在这本书里，你可以看看我曾经替你走过哪些弯路。

也许你和我一样，都是出身普通，成绩一般，不能"靠脸吃饭"的人。

我的存在告诉你，如果你真的非常有渴望、有追求，那么遇到好的时代机遇，你也可以成为一个非常、非常、非常厉害的人。

第一部分：人生逆袭的五个核心算法

世界上没有天生自律的人，你需要找到正确的方法，你需要断舍离，做人生的减法。专注是稀缺品，人能在一段时间内专注地做好一件事就很好了，少就是多，请务必坚持且专注。

我会从"杀死"焦虑、拒绝低效勤奋、如何变得更专注、洞察本质、认知突围这五大方面与你分享我的故事，聊一聊普通人实现人生逆袭的核心算法。用一秒钟抓住事物本质的人和用一辈子抓住事物本质的人，是截然不同的。遇到问题时，我们可以先慢慢思考如何解决问题，因为探究问题的底层逻辑更重要。

第二部分：突破阶层的四个关键

我用亲身经历摸索出了突破阶层的四个关键：

你要通过正反馈树立自信，要对成功有极大的渴望，同时要知道自己处在什么样的环境中，提升自我价值，真正有效利用好人脉。

与他人交往时，你要克制否定别人的欲望，要懂得互相成就，传递你的力量与能量。

用"蠢货速率"检验自己是否在成长，多向内探寻，多与专业的人交流，学会合作。

第三部分：向上进阶的三大思维

当你的能力在逐步提升时，你还需要关注向上进阶的关键方法：

选对行业，选对赛道，培养跨界思维，让这个时代成就你。

正确面对人际关系，选择高质量的交往圈子，让圈子影响你。

学会求职、应聘、汇报、升职技巧，用产品思维打造自己。

第四部分：锚定未来的四大策略

如果你已经理解了前面我们所讲的思维，那你就学会了锚定自己的未来。希望你知行合一，充分利用已懂的知识和已建立的底层逻辑。希望你提升认知，超越自我，在理财投资中理解价值投资的真谛。

我们出走半生，其实都是为了找到那个出发时的自己。所以，找到光明未来的方式是：回归最真实的自己，接纳自己，正视自己的优点与缺点，渴望与欲望，然后尽全力放大自己的优势。

希望你能从这本"小镇青年"所写的成长进化史中找到自己，找回自己。

Stay hungry，stay foolish.（求知若饥，虚心若愚。）

你我共勉！

吕白

第一部分

人生逆袭的五个核心算法

▼

焦虑可以被"杀死"：
如何应对拖延症？

▶▶ 你烦恼的可能不是怎么去解决问题，而是"问题这么多，我该怎么办"。所以，你要做的是，先大吼一句"走开"，然后干劲十足地去推进。去做就对了，慢慢就会有出路。

你可以"杀死"焦虑

I

你有过因为焦虑而心跳加快、没有食欲、难以呼吸的经历吗?

我有过。

2019 年,我的公司在武汉开了一家分公司,招了一批应届大学生,因为招聘时比较仓促,没想到上班的第一天就有 6 个人辞职。

实习生来的第一天,听到自己的底薪与工作挂钩,发现要完成的工作指标很有难度,而且他们是新手上路,完全不知道自己要做什么。当然,公司这边也有责任,招聘的时候太仓促,没来得及与他们沟通清楚,实习期的底薪也是以完成一定的工作指标为前提条件的。两方面的原因导致公司创下员工上班第一天就有 6 个人辞职的历史纪录。

我也是第一次见到这种场面,当时我在北京,分公司在武汉,我原本是想做些什么的,但是距离的限制让我产生了深深的无力感,觉得什么都做不了。

2

现在回忆起那段经历，我还是会忍不住皱眉，当时我无法也无力摆脱那无边无尽的焦虑，简直焦虑到极点了。

现在人手不够怎么办？再招新人。如果新人再走怎么办？不确定因素太多了，还要花不少时间。公司的指标完不成又该怎么办？

我每天醒来想的都是这些问题，每天又带着同样的问题入睡。这些问题在我脑海中无数次出现，但我就是找不到出路，或者坦白说，我并没有在找出路，不过是自我催眠般地问自己，仿佛这样就可以解决问题了，就是没有行动，也没有意识到要行动。

难道是上天可怜我发际线日益后退？一个非常偶然的机会，我看到河森堡说的一段话，他说他的切身经验是，如果你觉得某件事让你特别焦虑，压得你喘不过气来，那么最好的排解方法就是直接去做这件事，什么都别管，就是使劲做，努力去推动进度。你每往前推进一点这件棘手的事情，你的焦虑就会减少一分。同时，你的焦虑越少，推进工作的速度也就越快。只要咬紧牙关，不停地推进，总会有解脱的那一天。而且你每完成一个棘手的任务，或多或少都会比之前强大一点，这件苦差事总会改变你一点。

我看到这段话的时候，原本躺在床上刷微博，看完之后，我惊讶得跳了起来。原来我一直焦虑的不是武汉分公司的事情，而是焦虑本身。我在大脑中像放幻灯片一样播放这些难题，每天醒来都在心里暗示自己，这又是焦虑的一天。但是，我并没有用实际行动去消除焦虑啊！

从那天起，我就学着做到"什么都别管，就是使劲做，努力去推动进度"。我立刻预订了北京到武汉的机票，去武汉待了两个星期。一到武汉，我就参与武汉分公司的工作，改变了分公司原来的工作方法，帮助公司解决问题，并改进了竞争机制，提高了新员工的工作积极性……一切我能想到的办法，我都尽力去做。我不再去想"我今天好累，好焦虑"，而是努力推动事情往前进，从而"杀死"焦虑！

果然如河森堡说的那样，棘手的事情每被往前推进一点，我的焦虑就会减少一分。

随着我不断推进工作，问题慢慢得以解决，我也不再焦虑了。而且，武汉分公司这支新生力量也逐渐强大起来。原本没运营过"小红书"App的一群大学生"小白"，在这次历练中变成了每星期拥有 30 万点赞量，一天不打开小红书，就有"9999+"点赞未读的"大牛"。

在这次与焦虑的较量中，我在差点被焦虑干掉的时候干掉了焦虑。就这样，我不仅活下来了，还变得更强了。

3

人生这么漫长，长到焦虑无时不在，无处不在。

我曾不止一次从我的学员、朋友、同事那里听到他们说自己感到焦虑的话。上学时，焦虑怎样才能考高分；工作后，焦虑老板下达的工作指标太苛刻；结了婚，焦虑孩子的衣食住行和教育；退休了，还要焦虑下一代买房、买车的问题。

焦虑这么多，即使你避而不见，终究也要与焦虑面对面。既然如此，不如一开始就坦坦荡荡、自信满满地上路，不为焦虑本身所困扰，直接与焦虑较量，推动事情往前进，解决问题，"杀死"焦虑。

只要你行动了，这个过程本身就是在"杀死"焦虑。

有什么难事千万别耗着、等着，那只会让人在无尽的焦虑中备受煎熬，因为这时你焦虑的可能不是某件事情，而是焦虑本身；你烦恼的可能不是怎么去解决问题，而是"问题这么多，我该怎么办"。所以，你要做的是，先大吼一句"走开"，然后干劲十足地去推进。去做就对了，慢慢就会有出路。

当事情得到逐步推进的时候，焦虑的生存空间会被挤压得越来越小，事情就会变得越来越有趣。

然后，你会发现，你可以"杀死"焦虑。

思维落地："5分钟法则"

很多时候，让我们感到焦虑的不是事情，而是焦虑本身。

如果你处在这样的状态，请深吸一口气，定一个5分钟的闹钟，告诉自己，我就只干5分钟。

5分钟，不过是听一首稍长点的曲子的时间，一点都不费力。当你感到焦虑时，你的大脑会更愿意服从这样温柔的指示。然后，你还要接着告诉大脑，5分钟能做什么。

1. 不要设定过于抽象且复杂的任务。如果要背单词，你就告诉自己，这 5 分钟内，先打开书本或手机软件，1 分钟背 1 个单词，一共背 5 个单词。记住，给自己定一个想起来不会抗拒的任务。

开始行动了，感到轻松了，5 分钟很快就会过去。这时，你其实已经没那么焦虑了，相反，会有一种轻松的感觉。你还可以再做一件事情，对自己说："你好棒，已经记住 5 个单词了。"肯定自己小小的努力和成功。

2. 你可以享受这份踏实的感觉，继续做曾经抵触的事情。

这个"5 分钟法则"是一种没有负担的方法，也是我每次感到焦虑时的缓解剂。你也可以试试。

不存在准备好的时候

I

小鑫——我的大学同学，本来成绩很好，稳上"985工程"院校，结果高考失利，无奈来到我们学校。但是，他不甘心，还是想读"985工程"院校。

所以，他从大一时就开始准备考研。从大四到现在，他已经考了2.5次了。对，我没说错，2.5次。

2017年，小鑫第一次考研，那时我们都在读大四。为了下半年能够安心复习备考，他尽力排除一切干扰，把所有课都提前在大三下学期前修完。自然，一切娱乐活动他都不参加。

没想到的是，距离考研还有12天时，学校要求提交毕业论文选题。论文题目一旦提交，就不能随意更改了。所以，做事力求完美的他又花了好几天确定选题。

搞定论文选题后不到一个星期就要考研，小鑫慌了。因为按原计划，他是可以复习完的，但被论文的事情耽搁了好几天，原本的计划无法完成，小鑫自觉准备不足。最终，小鑫做出决定——明年再战。

报完了名，酒店也订好了，不到一个星期就要奔赴战场，小鑫却决定放弃考试，因为他觉得自己的计划被打乱了，他还没准备好。

这就是那 0.5 次考研。

2018 年，进入大四下学期。多数同学都在准备毕业，找工作，唯独小鑫还在埋头准备考研。

这一年，小鑫感觉准备得好多了。毕业在家，没有琐事打扰，他可以专心复习了。最后，他参加了人生中第一次研究生考试。当然，结果大家一定猜到了——没考上，不然也不会有 2.5 次考研。

这次考研失利，他归因为准备还不够充分。考试的题目都不难，他复习的时候都见过，但他没有当作重点去记忆，最终草草答题，分数不尽如人意。

这就是他的第 1.5 次考研。

2

2019 年 12 月，距离小鑫的第 2.5 次考研还有不到一个月的时间。

这一个月，小鑫整个人像打了鸡血一样，每天醒来就学习。中午本来要午休，但他睡不着。他关上房门，拉上窗帘，不知道天黑天亮。一闭上眼，他脑子里全是几本专业书的内容和整理的知识点，甚至睡着之后还会不自觉地背起书来。

看起来效率很高，其实不然。

2019 年 12 月 14 日午夜，小鑫已经有 36 个小时没合眼了，不是他不想睡，而是他根本睡不着。这已经是他这个月第二次失眠了。

后来，小鑫特意早睡以调整作息，但熬到凌晨4点多，他还是睡不着，最后靠半片安眠药才入睡。这是他又一次失眠，也是他第一次吃安眠药，他是偷偷拿家人的药吃的。只睡了4个多小时后，他又醒了，不敢多睡，生怕复习的内容有遗漏，最后又把不该丢的分数丢了。

某一天晚上，小鑫依旧一闭上眼，脑子就转个不停，无法控制自己不去想考试的东西。他太怕失败了，太怕再次像前一年那样因为没有准备充分而失败，他在犹豫要不要再准备一年，2020年再考。

小鑫睡不着，打开手机，翻遍自己的朋友列表，却找不到一个可以倾诉的对象。在他眼里，大家似乎都过得比他好，有的朋友考研一次就成功了，再不济考两次也过了；有的朋友出国留学了；有的朋友找到了不错的工作，留在了大城市。只有他是一个没工作，也没学上的失败者。大家都很忙，他不好意思打扰大家。

正好我发了一条朋友圈动态，小鑫知道我还没睡，便像抓到了一根救命稻草，向我倒苦水。于是，我才知道了他这几年考研的历程。

3

"虽然你没经历过考研，可能不太能理解我的处境，但还是谢谢你听我说了这么多。"小鑫把自己的2.5次考研经历说完，大概觉得耽误了我休息的时间，有点不好意思。

"怎么说呢？虽然我没考过研，但有的道理是相通的。你知道的，我从大学开始就在做公众号……"我不太懂考研的辛酸，无法宽慰小鑫，便说起了自己的一些经历。"去年我换了家公司，老板让我做短视频。我从来没做过短视频，但也没办法拒绝，我都说不上是没准备充分，而是根本没准备，就被赶鸭子上架了。我只能边学边做，把自己以前做公众号的经验用到做短视频这个新领域。"

"你也会遇到准备不充分的情况啊。"

"不知道你有没看过《饮食男女》？"

"没。"大概小鑫不知道我为什么话锋一转，"正在输入"显示了许久，他才回了我一个字。

"里面的老爷子说过一句话，**人生不能像做菜，把所有的料准备好了才下锅。**"

小鑫似乎在思考，久久没回复我。

我继续说道："不可能有真正准备好了的时候，你觉得自己现在没准备好，那明年就一定能准备好吗？你第一年放弃考试，第二年还不是有准备不充分的地方？难道你准备一直退缩下去吗？"

"嗯，再考不上，我也不能一直在家'啃老'，就要边工作边考，更辛苦。"小鑫似乎被这句话触动了。

"那就好好睡一觉吧。放松点，自信点，兄弟！"

"谢谢你这颗'安眠药'，哈哈。"

朋友间的聊天不需要"晚安"作结，聊到这里，我们就没再继续了。

写这本书时，我没去追问小鑫的近况，只是希望那晚他能安眠，希望他这次即使没准备好，也能"炒出一桌佳肴"。

谁不是被生活这只"恶狼"追着跑？这时候，你会因为没穿鞋而放弃奔跑吗？要么狂奔，要么被"恶狼"生吞。那该怎么办？只能赤着脚，硬着头皮跑，或许这样就能跑出一条生路了。准备充分是不存在的，关键是别尿，直接行动吧！

人生不能像做菜，把所有的料准备好了才下锅，毕竟成年人的世界不会事事都等你准备充分。

4

我带过很多团队，在管理过程中，我发现大家最常犯的错误就是，遇到一个项目，想先写一份报告，先做一个完美的策划案。一星期后问他进度时，他就会反馈说还有哪些地方没准备好，所以还没推进。在业内，这被称为"大公司病"。

当然，我并不是让大家不做准备，因为想清楚方向和本质问题，你才能更好地解决问题。但是，很多时候，你是否花费了大量的时间在准备上呢？准备完之后，项目实际进展又如何？

这时，我一般都会让大家直接把问题提出来，如果我判断那不是大问题，就会说，直接做吧，做了才有答案。

我人生中的一种底层逻辑就是不要等万事俱备，而是要小步快跑，快速迭代。职场里没有那么多准备时间，永远不要等。完成比完美重要一千倍、一万倍。

很多事情，如果不去做，就会觉得都是问题，都是难点。一旦去做了，可能就会发现原来这些问题都不是问题。你还会遇到其他新的问题，那么这时候，你只需要把精力放在如何解决实际出现的问题上即可。

写这段文字时，我想起了五条人乐队的那句歌词：所有的年轻人，年轻人，年轻人，问题出现我再告诉大家!

所有年轻人，先着手干吧!

思维落地：建立你的"最小化执行清单"

日常生活中，每个人或多或少都有完美主义的倾向，希望一次性把事情做到最好，所以就会一直在做准备。

萧伯纳说，一个尝试错误的人生，不但比无所事事的人生更荣耀，并且更有意义。生活不需要完美，很多时候，完成比完美更重要，在一次次完成中迭代，就是值得骄傲的进步。

你可以尝试建立自己的"最小化执行清单"，来对抗自己的完美主义。

在开始做一件事的时候，你需要先停下来问问自己：对于这件事，一个拿得出手，又不过于复杂的方案是什么样的？这其实就是你可以写在"最小化执行清单"上的第一项内容，它可以帮助你最快地完成一件事，避免你把时间花在做准备和纠结上。

比如，你需要剪辑一条游戏视频。清单上的第一项内容不应该是"学习 Adobe Premiere 软件教程"，因为那需要花费大量的时间，甚至无益于你的视频剪辑。第一项内容很简单：先分析你想要把视频剪成什么样，然后逐个画面拆解出来，你要做的是找个介绍 Adobe Premiere 软件基础剪辑功能的视频看就可以了，到需要用到某项功能的时候，再具体学习。边学边做，先剪辑出可以看的初版视频，再在此基础上进行优化。

所以，接到领导布置的日常任务后，你可以说，我现在开始准备，明天给出一个初步的反馈。而不是说，两星期后交出最终方案。你可以借助他人的督促和力量，建立你清单上的第二项、第三项甚至更多项内容，将其逐步完善。在这个过程中，你的压力也会逐渐减小。

拒绝低效努力：
如何抓住重点？

▶▶

什么事都想做，往往什么事都做不好。精力管理就是要学着做减法，把关键的 20% 的事情做好，这 20% 的事情足以带动剩余的 80% 的事情，完全可能改变你的命运。

自律是伪命题

I

2017 年，我在一家知名的微信公众号公司实习。当时，公司新开设了一个公众号，需要每天更新，365 天不间断，我非常痛苦。

有一次，公司组织团建，大家都在讨论吃什么，去哪儿玩，但我抱着电脑，一刻都不离手。同事看我一个人抱着电脑码字，便走过来问我说："好不容易有个机会放松，你怎么也不休息一下？"

我正忙于准备当天的推送文章，匆忙回了一句："没事，你们玩，我一会儿就弄好。"

那次团建，同事们蹦迪，而我抱着电脑在酒吧写了一晚上稿子。令人欣慰的是，那天写的稿子数据不错，而那个公众号也在 3 个月内拥有了很多篇阅读量达到"100 万 +"的文章。那个月我拿了公司最高的奖金，同事们都夸我自律，即使去团建也坚持写文章，发推送。

只有我自己知道，那其实不是自律，也不是我有很强烈的表达欲，而是我很享受文章推送出去之后，读者转发、点赞、评论，以及看着后台"涌"出来的留言、阅读量的飙升和读者的夸赞等给我带来的成就感。

我很喜欢看读者给我的评价。正是因为在坚持每天更新的路上不断被认同，我才积极地写文章，我只是看起来很"自律"。

我知道，这并不是真正的自律。

2

我有一个朋友，之前很胖，后来拼命减肥，终于拥有了八块腹肌。瘦下来以后，他经常在朋友圈晒自己的健身照。即使出差，也会带上臂力器，在酒店锻炼。

最初，我也感到惊讶：他是怎样在短短几个月内瘦下来几十斤的？减肥本来就是一件很痛苦的事情。难道就是因为他自律吗？

作为损友，我当然要成为他减肥路上的"拦路虎"。但我每次约他出来聚会，他都会拒绝我。有一次，我好不容易把他约出来吃火锅。

我一坐下，就边点菜边说："鸭肠来一份吗？毛肚多点一份吧？虾滑也不错！我再点一份猪脑吧？"结果，他全程都在吃火锅店免费赠送的蔬菜沙拉，筷子连一点油都没沾。

我问他："最近受什么刺激了？"

他回我："你才受什么刺激了吧。"

我又问他："那你怎么对自己这么狠？不仅减了肥，还练出了八块腹肌。"

他回答得轻巧："突然就想减肥了，没想到健身还能上瘾。"

我夹起一块肥牛往嘴里送，烫得连话都快说不清楚了，道："那我……烫……烫……怎么没健身上瘾呢？"

这时候，他拿出手机，打开朋友圈，给我看了他的一条朋友圈动态，我才知道他坚持健身的真正原因。

原来，他有一次在朋友圈发了一张健身照，配的文字是"喜欢健身的'胖友'回复1"，结果不到半小时，就收到了几十个"1"的回复。他从来没收到过这么多的回复。后来他继续在朋友圈发健身照，就连他喜欢了很久的"女神"都会经常给他点赞。我终于知道他一直坚持健身的动力是从哪儿来的了。

在别人面前，他是自律的，但只有我知道，他只是在健身的路上尝到了甜头，所以才愿意一直坚持下去。

3

我曾经很懒，真的很不想努力，用当时流行的话讲就是想"抱富婆大腿"。

但我不会再纠结于如何让自己自律，不会再像以前一样，在知乎、百度、微博等 App 上搜索"如何变得自律"。

因为我发现，自律是一个伪命题。当我思考如何变得自律的时候，我发现自己很痛苦，因为我要按照很多成功学的套路逼自己早睡早起，逼自己做某些事情，必须选择接受大众所熟知的方法让自己看起来很努力、很自律。

其实，越是这样，越不会追寻到实际的问题，越不会思考自己想要变得自律的深层原因是什么。

为什么很多人喜欢玩游戏？因为在游戏里能很快地得到反馈。打怪升级，更新装备，获得好看的皮肤，等等，这些都是游戏的奖励。

为什么人们喜欢化妆，愿意花时间打扮自己？因为把自己变得好看，可以让心情愉悦，可以有回头率，可以更自信。

为什么我喜欢写文章、出版图书？因为通过写文章和写书，我得到了很多读者粉丝的喜爱和支持，我从大家的正反馈中明白了"我还可以""我够专业""我对他们有用"。

正是因为有这些奖励，我们才愿意努力。自律本来就是一个伪命题。很多人也会误把勤奋和努力当成自律，"鸡汤"^①文章里甚至常说，自律才自由。

《少有人走的路》这本书里解释了自律的含义。**所谓自律，就是以积极主动的态度，去解决人生痛苦的重要原则，主要包括四个方面：推迟满足感、承担责任、尊重事实、保持平衡。**

自律不等于被逼迫。

如果一个人拼得满头大汗，却仍然强迫自己去完成某件事，那么结果往往会不尽如人意。

所以，真正自律的人往往都是因为做某件事的成就感而变得自律。有成就感才是他们坚持下去的原因。

---

①网络流行语，指能够激励人、麻痹人的精神的语言。

思维落地：统计你的"正反馈"

从手头正在做的事情中获得成就感，你就会更乐意坚持下去。虽然"自律"这个词，听起来很"苦哈哈"，但你要明白，从本质上说，自律只是一种手段，是一种让你坚持做热爱之事的手段。

现在，请你做两件很简单的事情。

1. 闭上眼，想想自己在做什么事的时候最开心、最满足。

2. 如果你没有得到答案，也别着急，你可以开始做第二件事，即从他人给你的反馈里找答案。打开你的朋友圈，看看大家给你点赞最多的内容是什么？比如，你平时在朋友圈晒美食时，获得的点赞都很多。其实，这反映了大家对你晒出的美食，或者你的生活方式的喜爱。那你是不是可以尝试在这些方面多进行创作？

很多人想依靠自律改变生活，但一想到这一点，反而产生了抵触心理，因为在他们心中，自律意味着限制，意味着放弃很多享乐的机会。

但这不是真相。请允许做自己真正喜欢的事，花时间投入其中，你终会得到自己想要的结果。自律不是枷锁，它会给你自由。

太用力的人走不远

I

有一天晚上，我在公司看一个项目策划案，看到了深夜 12 点，然后揉揉昏沉的脑袋，准备回家。其实，要不是这个策划案要得很急，我肯定早就下班，回家看电视剧、玩游戏了，因为我一向反对企业的"狼性文化"。

看到自己部门的一个同事还坐在工位前焦头烂额地工作，看上去既着急又憔悴，我便走过去问他："怎么还没下班？"

他抬头一看是我，有点惊喜。我以为他要问我一些工作上的问题，没想到他说道："没事，一会儿就走，就是写稿'卡壳'了，写完就走。"

我估计他以为我会鼓励他，但我只是说了一句："早点回家休息。"

我想起以前的自己也跟他一样，遇到事情爱较真，做事情爱"死磕"。明明已经很努力了，最终效果却不好。

我到家之后，给他发了一个红包，又发了一条微信："怎么样，回家了吗？"

他很快领完红包，回复我："还是吕白老师体恤下属，我马上回家！"

我说："不要太拼，身体最重要。"

他很快又回复："好的，但不拼怎么能成为像你这样厉害的人呢？"接着，又发来一句话："没有谁能随便成功。"

我回："我就能。"

过了一会儿，他回了个捂脸笑的表情："吕白老师谦虚了。"

我最后回了一句："太用力的人走不远。"

有一些成绩差、绩效垫底的人足够努力，也很聪明，但为什么结果不好呢？因为他们太看重自己的努力了，这导致他们有一种投机的心理，总是会想："我都这么拼了，一定会有好结果吧。"

2

我在知乎任职时，有一天，实习生小七来问我："吕白老师，为什么我总觉得自己的努力跟收获不成正比呢？"

我将手指向天空，问他："这是什么？"

他朝着我手指的方向看过去，说道："不知道。"

我说："这是天空。你连目标都找不到，怎么努力呢？"

我又将手指向旁边，问他："这是什么？"

他挠挠头，看着我说："这是月亮。难道你的意思是说，不要轻易放弃，我们最终总会成为自己想成为的人吗？"

我拍了他一下，说道："这就是根手指。你最大的问题就是只看清了目标，却忽略了眼前的路。"

他总说"老天爷对我太不公平了，我拼命努力，还不如别人随便做做"，或者"我真是太倒霉了，早知道找个富婆，坐享其成"。

我知道，他说找富婆只是调侃一下自己。我以前也是，在顶级自媒体公司实习，一个月写了 40 篇稿子，心想月底的时候我的稿子数据一定是全公司最好的。那时我每天写到深夜，外出的时候总是抱着自己的电脑，甚至生病发烧也不去医院。那个月，我虽然写了 40 篇稿子，但是有 39 篇被拒绝了，唯一通过的那篇数据还不好。

我坚持了一个月，就对自己丧失了信心，一度怀疑自己。我明明很努力，为什么就是得不到好的结果呢？

3

后来我明白了：100% 的努力 ≠ 100% 的成功。我们身边那些优秀的人往往都不是最努力的，因为 60% 的努力 =90% 的成功。

太用力的人往往太急躁，后劲不足。人生是长跑，不是百米冲刺。

太用力的人容易提高自己的心理预期，如果没达到自己的心理预期，就会很失望，慢慢地就会失去自我激励，甚至变成一个爱抱怨的人。

太用力的人总是把精力全部投入工作中，过于关注工作中的得与失，过于关注每一次绩效考核结果、晋升提名，最后把自己搞得疲惫不堪。

很多时候，努力也不一定能得到满分，或许只能及格。

你可以为了目标破釜沉舟，拼尽全力，也可以为了目标养精蓄锐。你知道"最速曲线"吗？它告诉我们，一个劲往前冲的人与中途开小差的人一起跑，最后往往是后者先到达终点。那些拥有温和力量的人，没有用太大的动作去用力做事，而是默默无闻地做事，一次次积累和历练使他们后劲十足，不知不觉就将他人甩在了身后。

北京字节跳动科技有限公司9周年年庆时，张一鸣做了一个主题为"平常心做非常事"的演讲。他说，面对动态变化的世界，我们经常会感到惴惴不安，担忧未来或者懊恼过去，将很多精力和时间浪费在应对波动上……我觉得，保持平常心的人比较放松，内心没有扭曲，观察事物细腻，实事求是，比较有耐心。他们往往更能把事情做好。大多数时候，人在没有偏执或者杂念的情况下，都能够有很好的判断，有一个说法是"本自具足"。

要保持平常心，不要用力过猛。心态越平稳，越能抵住大风大浪，扎根越牢，越能够有魄力和想象力去做更难企及的事情。

思维落地：用平常心对待你的生活

用力是一件好事，但如果你时不时告诉自己，要用力，要变得优秀，那么这样的念头和拼劲反而会让你有负担。你需要合理谨慎地使用正向激励，从而让自己进入不费力的状态中。

为了达到这个状态，你要明白，比激励更重要的是优化过程。大部分人都知道努力的价值，却很少有人懂得蓄力的重要性。

要降低做事的难度，让自己不费力地去做事。你可以用一星期的时间进行以下实践，并对你的目标和进度进行评估，主要分 3 个步骤：

1. 写下自己在一个星期内做了什么事，花了多少时间。注意写下做每件事时具体做了哪些工作。比如，本星期我花了 20 个小时做某个项目，其中 15 个小时花在资料调研上。在资料调研中，我又花了 5 个小时阅读综述内容。

2. 写下你的目标和事情目前的进展。还是回到刚才的例子上，我的目标是完成项目，而这一星期我的进展是只写了一份报告。

3. 分析原因。这是为了让你真正看到为什么自己明明没有达成目标，每天却还是很忙碌。在分析原因的时候，你可以多向自己提问。比如，为什么花了很多时间阅读资料，却只写了一份报告呢？再进一步分析，是不是材料获取方面的能力有所欠缺？是不是速读能力不太好？把能想到的每一条原因都记下来，再找有经验的前辈探讨方法。

这件事被很多人忽略了，因为他们觉得麻烦，没有必要，结果就是，日复一日辛苦地付出，却收效甚微。把生活切碎，从每个小节点上做优化，你完全可以拥有不费力的高效的生活，与生活共舞。

同时，你也可以写下自己的业余爱好。如果你每星期将一天时间花在工作以外的地方，你会如何分配时间？你希望做什么事情？你喜欢通过什么活动来让自己变得更平静、更愉悦？

精力管理就是做减法

I

刚开始工作的时候，我特别佩服一个同事小何。他每天都穿戴得整整齐齐，准时上班。一到工位上，就打开电脑上的时间管理软件，把当天要完成的任务列出来，精细到每分钟要做什么。当时我觉得他特别自律，做事特别有条理，能够把密密麻麻的格子中的事都按时完成。

后来，我下定决心要成为像小何那样的人，便下载了一个时间管理软件，每天的时间被软件分成了无数份。

每过 20 分钟软件就会有提醒，提醒你下一件事开始前要完成现在手头的工作，我的 deadline（截止时间）也从原本的一个——下班时间变成了每天数十个。

时间管理软件让我进入了时刻与 deadline 赛跑的状态，时间格子被分得越细，我心越慌，工作产出的质量也越来越差。当时，我陷入了深深的怀疑中：为什么很多人推荐使用的工具，到我这里却产生了反效果呢？

大概因为迷信权威吧，即使每天工作时都感到心慌，被无法按时间表完成工作的状态刺激，我也仍然没放弃这个时间管理法。每次坚持不下去时，我就望向小何，仿佛只要我把小格子里的任务按时完成了，就能成为令自己佩服的人。

每天在时间管理软件设定的 deadline 的逼迫下，我焦虑到了极点，情绪的弦终于在某一天断了——我实在搞不定这件事啊！再给我几天可能都搞不定！

我合上电脑，走人。当然，只是下楼买了杯咖啡。我什么都不愿意想，只想心无旁骛地喝杯咖啡，什么时间管理、小格子统统抛到一边！

冰美式咖啡的苦和凉让我暂时冷静下来，我约了小何一起吃饭，想向他取取经。

2

"今天是什么好日子，你怎么突然想起请我吃饭？"小何一脸诧异。

"我特别佩服你，你每天用时间管理软件把时间安排得妥妥当当，甚至精确到每分钟，特别有条理。"我把最近用时间管理软件的事对小何说了。

"但我用了之后，效率好像还不如以前，完成工作的过程就像是在赶时间。这顿饭可不白请啊，我要向你讨教一下。"我说。

"说实话，我也是这种感觉。"

"你也这么觉得？你也觉得是在赶时间？"我难以置信，以为我理解错了他的话。

"对，总怕完成不了，所以在赶，每件事情都好像没做透。

时间一到，又要做下一件事情了。"

"我也有同感，觉得事情都做不透，缺一点什么。"我没想到近日让我自我怀疑的问题也是我一直佩服的同事的困惑。

这顿饭让我打消了自我怀疑，紧张的神经也松弛了许多。吃完饭，我们一起回到公司。我把那项完不成的工作放到一边，开始反思自己的工作方式。到底什么才叫效率呢？如何使投入产出效率最大化呢？

我反思的结果就是转变思路，不再执着于把时间分割成很多小格子，而是开始做减法，试着把精力集中到能带给我很大进步的两三件事情上。

慢慢地，我发现，**时间管理和自律一样，本身就是一个伪命题，因为你无法也不必高效地利用好每一分钟**。

3

我的下属李明是时间管理的终极爱好者，他每天上班的第一件事就是花一个小时把当天的事情安排好。你没看错，就是一个小时！他美其名曰"磨刀不误砍柴工"。安排完一天的工作后，他才开始"正式"上班。看似每天都非常有规律，定时定点做事情，最后他工作的效果如何呢？普普通通。虽然不能说差吧，但也没比其他员工出色。

那天，我们公司有一个分享会，主题恰好是"时间管理"。每个人都上台说了自己在时间管理方面是如何做的，或者是自己的见解。

李明自然是支持时间管理的，他说自己平时无论是上班还是日常生活，都把时间安排得很好，分分秒秒都不浪费。

轮到我说的时候，我说，时间管理其实是一个伪命题。我和同事们分享了我之前工作的经验，也就是前文小何的事情，台下有的人赞同，有的人若有所思。

分享会结束后，李明私下找我聊天，因为"时间管理其实是一个伪命题"这句话一下子颠覆了他一直以来的认知，他一时接受不了。

"你是不是每天要做许多事情，每天把时间分成好几份？"我问。

"对啊，我每天上午每两个小时要完成一项工作，中午半小时吃饭，半小时午休，下午再完成……下班后，星期一、星期三、星期五花两个小时健身，星期二、星期四花两个小时学习英语，星期六和星期日要学……"

"那我问你，万一你中午的外卖送来晚了，半小时吃不完午饭怎么办？晚上加班怎么办？"

"那我……"他被我问得一时语塞。

"或者我们换个方式思考，你坚持这么久了，健身成果如何？英语学得怎么样了？"他看了看自己松垮垮的肚子，摇摇头。

"我不是变相让你加班，你放心。"见他被我犀利的话搞得有点尴尬，我赶紧缓和气氛。"我不反对你健身，更不反对你学习，提升自己。但你要清楚，到底哪些事情是能改变你接下来的人生的。"

他听了我的话，若有所思。

"'二八定律'你听说过吧？"他点头。"我们一生中要做的事情也符合'二八定律'。只有 20% 的事情是可以改变人生的，这就是关键的部分，但这恰恰是你要用 80% 的精力去做的事情。而不是像你说的，这件事情做两个小时，那件事情也做两个小时，最后时间被等分了，你只花了 20% 的精力去做那本应该花 80% 精力的事情……"

"集中精力，做主要的事情。"他忍不住接了一句。

"对的。所谓主要的事情，就是与我们的未来规划紧密相关的事情。我们要做的那 20% 的事情以后可能会有变化，但不变的是，我们要集中精力去做。所以我才说时间管理是一个伪命题，我们要做的是精力管理。**精力管理就是做减法，把你每天要做的事情排出轻重缓急的顺序，每天集中做 2~3 件事就可以了，其余的可做可不做。**你可以想想，每天把时间等分成那么多份，你都能完成任务吗？就算你都完成了，你的人生发生实质性的改变了吗？"

"我太贪心了，每个人的时间和精力都是有限的，我什么都想做，最后却什么都没做好。谢谢您！"

什么事都想做，往往什么事都做不好。精力管理就是要学着做减法，把关键的 20% 的事情做好，这 20% 的事情足以带动剩余的 80% 的事情，完全可能改变你的命运。

4

这两年，我的成长还算比较快，与刚来北京时相比，增速是之前的几十倍。但我并没有变得勤奋多少，"努力"多少。相反，我同以前一样懒，而且我在"懒"中找到了更高效的做法。

因为帕累托的"二八定律"，我理解了什么是"关键的20%"，也学会了每次接到任务时，先思考关键的20%的事情是什么，怎么用80%的时间和精力去做好这些事情。

我不会过分追求单位时间内的产出，因为我知道自己做不到，我会管理精力，把精力和注意力集中在那关键的20%的事情上。

我每天把"二八定律"挂在嘴边，不断对我的同事们强调，直到他们真正理解什么是"二八定律"。我会把"二八定律"写在每本书里，不是因为没有其他可写的内容，而是因为我觉得它确实很重要。人生的所有操作系统，都基于底层逻辑。底层逻辑不同，导致大家的认知、生活、财富都不同。

我希望此刻正在读书的你也能集中自己的所有力量，把它放在最重要的地方。

请记住，不要分散，而要聚焦。

思维落地：把最大的能量留给最重要的事

就我接触的人而言，做时间管理的要么是骗子，要么是傻子。骗子说，你要自律，你可以通过高效地利用好自己的每一分钟，做好几件事，进而改变自己的命运。但其实我们根本无法把自己的每一分钟都利用好，也无法完美地做成很多件事。

人最应该管理的不是时间，而是精力。你要做的不是把每天的时间分成多少份，然后用事情把时间填满，这样做没有意义。

最好的方法是：

1. 每天自我反思，不断总结哪些事情可以让你补充能量，哪些事情会消耗你的能量，然后把你能拥有的空闲时间投入前者上。

2. 列出一定要做的重要的事情，把自己精力最旺盛的时间用在做这些事情上。其他事情则在脑海里有个大致印象就可以了。

管理好你的精力，把它放在你能改变的事情上，放在对你的未来有帮助的事情上，放在能改变命运的事情上。这种事情往往不会很多，可能只占你人生中众多事情的 20%。

但是，这 20% 的事情却会改变你的命运。

专注是稀缺品：
如何变得更加专业？

▶▶

很多人认为，只要完成足够多的事情，工作效率就提升了。非也，非也。你的时间、精力、注意力都是有限的。慢慢做好一件事，胜过毛毛躁躁地做一堆事。

做好一件事就很厉害了

I

有一次参加分享会，我上台前有点紧张，一直在备忘录里写一会儿要分享的金句。结果主持人一介绍，我脑子一热，就把备忘录里的金句全部忘记了。

好在那次分享还算成功，我临场发挥得不错，频频爆出金句："不听老人言，开心好几年。""一定要优秀到让前任点赞我朋友圈动态的程度。"

走下演讲台之后，我摸了一把额头上的汗水，准备喝口水。这时，一个男生走过来，我感觉他很眼熟，但一时想不起来在哪儿见过。他主动跟我打招呼，我挠挠头，努力回忆。"你是……"

他说："吕白老师，你不记得我了吗？你的每一场演讲我都来听。你上一次演讲时，我还给你送过纸巾呢。"说完，他掏出纸巾朝我挥了挥。

"啊，我想起来了。"上一次演讲的时候，因为太紧张，加上场地人多，比较热，我全身都汗津津的。幸好一位朋友上台送了一些纸巾给我擦汗，要不然那天我就出糗了。没想到他这次也来了。

我说："哈哈哈，还好今天室内不热。"

又调侃了两句之后，才进入主题。他说："其实我一直有一个疑惑，我现在有好多目标，不知道先实现哪个目标才好。"

我没说话，给他拿出纸和笔，让他把这些目标全都写下来。

他很快就写好了，说道："吕白老师，你是不是想跟我说，写下来之后，实现起来才会更有动力？"

我摇摇头，让他将目标分好类。

这时候，他又说："哦！我明白了，你是想告诉我，把目标分好类，这样才能更有规划地一步步实现它们。"

看他将目标分好类之后，我才说："圈出你认为重要的三个目标。"

他照做了，圈出了三个他认为重要的目标。

他还想说什么，被我给阻止了。"我让你圈出重要的三个目标，不是为了让你排序，而是……"

他说："而是什么？"

"而是让你这辈子只实现这三个目标，把其他的都丢掉。"

他有些疑惑。

我便给他讲了我的故事。

2

我以前也认为，年轻人要有抱负，目标越多越好，一个个去实现它们，这样会很有成就感。

但是后来一位前辈在饭局上跟我说了一句话，他说："不要好高骛远，人这一辈子做好一件事就很厉害了。"

我忽然领悟，回到家立马给自己做出职业规划，然后再将规划拆分。最终，我成了现在的吕白。那时候，我也很纠结：我到底是选择成为亿万富翁，还是作家，还是一个普通人？

我选择了当一个作家。

因为我深知，一个人的精力有限，这一辈子不可能完成太多的事情。如果目标太多的话，很可能一个都实现不了。相信你也不甘心只是实现了目标而没有收获。

我看过一本书，叫《人的自我寻求》，刚开始我很有感悟，但当我看第二遍的时候，我才发现，人的一生是一个自我寻求的过程。完成了一趟旅行，谈了一场轰轰烈烈的恋爱，这些都是过眼云烟。

人总要找到属于自己的那条路，那才是你灵魂深处真正的欲望。当你真正选出一个目标，并为之努力时，你会有一种感觉：我本该属于这里。

3

其实，这与前文提及的"二八定律"是同样的道理，你只需要把自己的时间和精力放在最想做的那件事情上，并把它做到极致就好，某一段时间内只为这一个目标服务。

当你实现了自己选定的目标之后，你就会有一种前所未有的成就感。那种感觉是任何人都给不了的。

所有的不甘，都源于心存梦想；所有的念念不忘，都源于惦记着回响。

文艺复兴时期意大利的伟大雕塑家米开朗琪罗在年轻时深受柏拉图哲学思想的影响，这奠定了他一生都坚持的人文主义艺术风格。罗曼·罗兰在《米开朗琪罗传》中说出了那句流传于后世的话，即世界上只有一种英雄主义：便是注视世界的真面目——并且爱世界。

米开朗琪罗也曾纠结、困惑，世界上还有好多目标等着他去实现，但他选择投身艺术创作。抛开艺术创作，米开朗琪罗只是一个疯狂的完美主义者。

米开朗琪罗的所有成功，都应该归功于他的完美主义。

将一件事情做好，并且做到极致，就够了。

思维落地：一次只做一件事

其实，观察一下自己的日常工作便可以发现，对公司和组织有价值的事情实在太多，你有必要搞清楚这些事是什么吗？

很多"身兼数职"的人在写下自己每个月要完成的事情时甚至感到震惊，可能有 20 多件事都在其职责范围内。而这些事情真的重要吗？人的精力是有限的，如果平均分配，那么每件事最后的完成效果也只能平均，而你会变得越来越平庸。

1. 请你写下自己平时负责的具体工作内容，并从中找出对你而言最有价值的一件事。

2. 然后再选出三件事，**把这三件事作为工作的重点**。

你有理由相信，你对公司或者合作伙伴的贡献，90% 都来自这三项工作，它们才是重要的。而你所做的其他工作，其实都是辅助性或补充性的，这些工作你完全可以交给别人去做，或者少做一些，甚至完全不做。

专注才能让你更专业

I

有一段时间，我工作的时候，部门里的同事一会儿跑来让我确认事情，一会儿又问我某件事要如何执行，而我还需要盯着其他项目的进度。我正在做项目 A 的时候，忽然要处理项目 B 的事情，处理项目 B 的事情时，又有人来面试。一天下来，我分身乏术，疲惫不堪，而且还感觉没什么产出。我好像做了很多事，又好像什么事都没做。

那时候我感觉自己注意力特别不集中，做某个项目的时候，即使没人打断，也没办法保持专注。直到后来，我看到某书中说道："一个专注的人，往往能够把自己的时间、精力和智慧凝聚到所要干的事情上，从而不受其他事情的干扰，最大限度地发挥积极性、主动性和创造性，实现自己的目标。"

我恍然大悟，开始给项目分配时间，上午只做项目 A 的事情，把事情解决完了再说，下午再专注于项目 B，有面试的话就提前跟我约时间。从此以后，我的工作效率变得更高了，事情也能一点点推进，我也有了更多的时间专注于其他事情。

后来我发现，其他人也跟我之前一样有这样的困扰，我的助理经常说:"感觉集中不了注意力,总是做着 A 事情,B 事情又来找我了。"

我跟她说:"不专注是因为你太贪婪,想同时完成 A 事情和 B 事情,这样反而一件事都做不好。"

她说:"可是,活那么多,做不完就会很着急啊。"

我回答她说:**"要去做好一件事,而不是做坏很多件事。"**

贪婪是很多初入职场的人的通病,其结果可能就是一件事都做不好。

2

有一位高中同学约我喝酒。他上高中的时候,就经常偷偷溜出去上网,不好好学习。我以前跟他关系不错,便去赴约了。

酒过三巡,我夹了一口菜吃,装作不经意的样子问他:"最近过得怎么样?"

他点点头道:"唉,别提了,也就那样吧。"

我以为他现在过得不好,便想着怎么能帮助他。饭桌上,我一直在想怎么婉转迂回才能保护他的自尊。

后来我才发现是自己想多了。他现在成了一名职业电竞选手,经常去世界各地参加比赛,奖金拿到手软,就连偶尔开个直播都能拿到数十万元的打赏。

吃完饭,我们俩抢着买单,他掏出手机的时候,我看到了他的车钥匙,于是我就让他付了钱。

我说:"你现在混得还可以啊。"语气中带着羡慕。

他说："那时候学校里的所有人都觉得我不务正业，就你还愿意跟我玩。"

我说："你是怎么做到的？"

他回："就是每天玩游戏呗，玩着玩着就玩出了成绩。"

但其实并不是他说的这样简单，我看到他的手，右手拿鼠标的食指和中指都磨出了茧，左手几个手指上也都是厚厚的老茧。

说实话，他成功是有道理的，因为他真的只专注于一件事。

斯坦福大学商学院教授柯林斯讲过一个"日行 20 英里 ①"的故事。1909 年，美国人到达了北极点。1911 年 10 月，有两队探险家同时瞄准了南极点这块处女地，他们分别是阿蒙森队和斯科特队。两队同时分两路出发，竞争第一个到达南极点的荣誉。最后是阿蒙森队先到达。

阿蒙森队一直坚持持续推进的原则，好天气不会走太远，以免筋疲力尽，坏天气也不会停留，保持着进度，每日的行程控制在 15~20 英里。而斯科特队是看天气确定路程，天气坏时就不走了，天气好时就多走一些路程。最终，阿蒙森队甩开斯科特队很远，先到达南极点。

在日常生活中，为了对抗各种干扰，人们往往选择以更快的速度工作，以便完成更多的工作。但这样就要承受更大的工作负荷，也在一定程度上牺牲了工作质量。

①英美制长度单位，1英里约等于1.609千米。

3

很多人认为，只要完成足够多的事情，工作效率就提升了。非也，非也。

你的时间、精力、注意力都是有限的。慢慢做好一件事，胜过毛毛躁躁地做一堆事。

很多成功人士不是因为做了很多事而成功，而是因为做对了某些事而成功。有些事你不必做，有些弯路你也不必走。

有人说：上天给了你无限的机会，却只给你有限的时间、精力和才华。所以，越优秀，越专注！

在如今这个复杂纷扰的世界，专注已经成为成功者的秘诀。

思维落地：做好明确的时间划分

RescueTime① 首席执行官乔·赫鲁斯卡认为，切换工作任务的次数越多，完成的工作量反而越少。在日常工作中，你可以做一个很简单的改变，即做好明确的时间划分。

1. 如果你是职场新人或学生，你需要约人聊一聊你的问题，那你最好提前准备好你的问题和一些解决方案，然后提前和人预约，把问题一次性解决。大家最害怕遇到的是做一步问一步的人，除了有些专职辅导老师以这种方式计费，对于其他人，你都应该尊重他们保持时间完整性的权利。

① 一款时间管理软件。

2. 如果你是领导，你的员工可能会向你寻求帮助，那么你最好设定一下你的"开放时间"（open time）。这样，你既能有时间发展自己的业务，也能兼顾公司管理。

3. 减少无意义的会议讨论。在开会之前，给出会议目标及解决方案，在会上针对方案进行讨论，而不是拉着一群人，名为"头脑风暴"，实则互相聊天。尊重别人的时间。

而这些对时间的充分利用，都离不开专注。希望我们都能培养出一个阶段只做一件事的行动力。

坚守初心可能失败：
如何洞察事物的本质？

▶▶

人生不是短跑，比起坚持，更重要的是找对方向。我们总是高举着"坚守初心"的大旗，却忽略了有时我们需要重新审视问题。

重新定义问题

I

前些年，从小就被视为家族骄傲的表弟连做了三个让全家人瞠目结舌的决定：

放弃保送研究生的机会；

放弃学了四年的金融专业；

跨学科、跨学校、跨国界申请研究生。

听到这个消息的时候，我正在一边喝咖啡，一边看短视频部门提交上来的视频拍摄脚本，结果下一秒咖啡就与脚本完美融为一体了，就连办公桌也未能幸免。

相信我，这绝不是因为我年纪轻轻就有患上帕金森综合征的前兆，也绝不是因为我做事毛手毛脚，而是这个消息的冲击力太强，实在太不符合表弟的"人设"了。

从小学到高中，表弟一路直升重点学校的重点班，是我们那里有名的"拼命三郎"。九年义务教育加三年高中，但凡有排名的考试，表弟一直稳居年级前三名，全市前五名。

我高考那年超常发挥，考上了省内的一本学校。表弟高考那年发挥失常，与清华失之交臂，最后去了仅次于清华、北大的某

"985 工程"院校的金融学院。

大学期间，表弟在三年内两次出国做交换生，年年都是国家奖学金的获得者，成绩绩点高达 4.0，参加各种大赛的成绩在一张简历上都写不完。

最让人"生气"的是，表弟并非书呆子。他爱好广泛，就连打个篮球都能获得校级联赛的冠军。

可惜我空长了年纪，明明是哥哥，却听着弟弟的辉煌成绩长大，到现在都免不了被家里人嫌弃："现在赚钱多有什么用！看看你表弟，有潜力，那才是'金饭碗'。"

每次逢年过节家庭聚会，我都会跟表弟开玩笑："以后你买什么股票一定记得跟我说一声，我跟着你一起买，你吃肉，我喝汤就行。"

2

还没等我从对表弟这些年全方位"碾压"我的回忆里回过神来，小姨已经连续打了好几个电话。

"吕白啊，你可一定要帮小姨劝劝你弟弟啊。他们辅导员说，以他的绩点和简历，保送是板上钉钉的事，甚至还有很大的可能被保送去清华。他高考的时候没能考上清华，现在喜欢的学校和喜欢的专业都摆在眼前了，怎么能突然放弃呢？"

听着小姨的啜泣声，我也鼻头一酸，连忙应道："好的小姨，你别担心，我先和表弟聊聊。"

再三思考后，我还是给表弟打了电话。"表弟，你是怎么想的？怎么突然决定放弃学金融了？这不是你从小的梦想吗？"

"不是突然决定的，是我发现从前的方向是错的。

"以前我也觉得自己喜欢金融，也适合从事金融行业。我记得那时候我才念初三，假期里，别的男生都在看各种动漫，只有我每天盯着报纸的财经版块看。就连我妈看电视剧插播广告的时间，我都要调到财经频道看一看。

"高中时，每到星期六、星期日放假的时候，我最爱去舅舅家看书，因为舅舅有一整个书柜的书，全都与经济相关。

"报志愿的时候，老师说，除了清华、北大之外，可以随便报。为了去分数范围内最好的金融学院，我还是选了一所综合实力相对弱一点的学校。

"但当我真正进入金融学院，开始学金融以后，我发现事情好像偏离我的预想了。我喜欢研究股票的波动，喜欢利用一个又一个复杂的经济学公式算出账目，喜欢做风险评估。但是我并不擅长，或者说不喜欢和人打交道。我讨厌那种明确的阶层感，不擅长应付与甲方的交际，每次创业比赛的路演也让我感到头疼。所以，大二那年，我去银行和证券公司实习，想要消除心中的迷茫。

"很遗憾，我发现，现实中的金融业只会比学校中的模拟复杂十倍、百倍。后来，我作为交换生去美国学习。机缘巧合下，我修了一门与数据科学相关的课程。

"那段单纯和数字打交道的日子是我大学里最开心的时光，没人在意我来自哪个国家，会不会应酬。我和同学们走在一起，讨论的只有数据和算法。

"直到那时，我才突然意识到，这么多年来，我喜欢的不是金融，而是数学。在基础科学的世界里，1 就是 1，2 就是 2，我不需要每天面对不同的人，扮演不同的角色，猜测他们的心思。"

3

他继续说："表哥，我不反对要坚守初心，可前提是初心是对的，不是吗？如果初心就是错的，坚守岂不是在错误的路上越走越远吗？"

挂断电话后，表弟的话还在我的耳边回响。没错，坚守初心是一件很酷的事情，但前提是初心是对的。

我有很多同学都在坚持考研，一次没考上考两次，两次没考上考三次。可是细究为什么要考研，大多数人都给不出具体、清晰的回答，往往只能挤出一句话：因为一开始就选择了考研。再细问，他们的回答很可能是：为了以后能有一份好工作。

可是，对他们来说，考研真的是一个好方向吗？

有了一份高学历就等于有一份好工作吗？这样的初心，我们需要坚持吗？

如果你热爱学术，并能找到愿意为之努力的方向，那我非常敬佩你，支持你。但如果你什么都没有想清楚就盲目去做，那你可能就需要重新思考一下自己初心了。

我也遇到过很多来向我咨询职场问题的人，他们经常向我抛出一个问题："我要不要辞职？"

其实，他们抛出这个问题的时候，心里基本都有了答案。只不过，离开，放不下现有的成就，不愿意承担风险成本；留下，不知道坚持对不对，总幻想着有新的可能性。

这样的初心，我们需要坚持吗？

人生不是短跑，比起坚持，更重要的是找对方向。

我们总是高举着"坚守初心"的大旗，却忽略了有时我们需要重新审视问题。

当我们重新审视问题，发现真正的问题并解决时，才做到了彻底、完美地解决问题。

思维落地： 罗列清单，摆脱情绪的控制

人生会在取舍的选择中不断向前。很多时候，你得到了一些东西，不是因为你争取到了什么，而恰恰是因为你割舍了一些东西，比如长辈的期许、社会的目光，而这些都会对你定义问题造成一定的影响。

建议你使用清单法，摆脱情绪的枷锁，找到你真正想要实现的目标。

1. 准备一张白纸，在中间画一条竖线，左边写下你目前在做的事情，右边写下你一直想做但没有去做的事情。

2. 在两边写下你做了和没做的原因，以及如果做了，会有什么样的影响。

当你清晰地写下这些的时候，你会发现，其实做你想要做的事情，或者进行一次新的尝试，根本没有你想的那么困难，困住你的是你的情绪，是你对思考问题的抗拒，而不是问题本身。

学会连问几个为什么

I

我一般不太愿意回家，因为我妈在家特别喜欢吩咐我做事，只要我在家，她就让我帮她找东西。

有一次，我在家打游戏，正在开团①，她让我帮她找打蛋器，我只好放下手机去找。我想着快点找到就能回去打游戏，结果找了20多分钟，把厨房和冰箱全都翻了一遍，还是没找到打蛋器。最后实在找不到了，我就问我妈为什么找打蛋器。她说，把生鸡蛋搅匀。我就问她，找不到打蛋器，用筷子是不是也能搅匀？她说，好像是啊。

后来，我又问她为什么要搅鸡蛋。她说，蒸蛋糕。然后我又问她为什么蒸蛋糕。她生气地对我说，当然是吃啊，这是今天的午饭。我说，午饭是不是可以吃点别的？

我妈的表面需求是找打蛋器，问了几次问题后，我发现她真正的需求其实是做一顿饭，是填饱肚子。

其实，我在帮她找打蛋器的时候浪费了很长时间，而且没有

---

① 指多人游戏中玩家以小组为单位进行对抗的形式。

找到。从找打蛋器这个问题看，是我输了。但是，本来打蛋器就只有一个解法，我问了第一个问题之后，发现了好几个解法，比如搅鸡蛋可以用筷子，可以用矿泉水瓶。然后我问第二个、第三个、第四个甚至第五个问题的时候，我发现解法变得越来越多，思考的空间也变得越来越大。

雕塑《大卫》是米开朗琪罗创作的艺术极品，从诞生到现在一直广受赞誉。作品诞生之初，有记者采访米开朗琪罗是如何在石头上把大卫雕琢出来的，米开朗琪罗说，其实这形体本就存在于大理石中，他只是把不需要的部分去掉而已。

抛弃多余的部分，直击本质。

其实，就像《大卫》一样，我们真实的需求被很多外在的东西包裹。作为一个内容生产者，应该直面真实需求。你要做的就是从问题的石头里刨去多余的部分，让真正的需求——"大卫"清晰地呈现出来。

2

后来我读 MBA（工商管理硕士），老师在讲丰田"五问法"的时候，我猛的一下醒悟，这与触及本源的方法殊途同归。

丰田"五问法"的故事如下：

有一次，丰田汽车公司副社长大野耐一发现，有一条生产线上的机器总是停转，原因是保险丝被烧断了。虽然每次都及时更换保险丝，但用不了多久又会被烧断，严重影响整条生产线的效率。他觉得，更换保险丝并没有解决根本问题。于是，大野耐一与工人进行了问答对话。

一问："为什么机器停了？"答："因为超负荷，保险丝被烧断了。"

二问："为什么超负荷呢？"答："因为轴承的润滑不够。"

三问："为什么润滑不够？"答："因为润滑泵吸不上油。"

四问："为什么吸不上油？"答："因为油泵轴磨损松动。"

五问："为什么磨损了呢？"答："因为没有安装过滤器，混进了铁屑等杂质。"

经过连续五次追问"为什么"，才找到问题的真正原因，解决的办法就是在油泵轴上安装过滤器。

如果没有这种追根溯源、刨根问底、打破砂锅问到底的精神，就不可能真正解决问题。

3

其实，做内容运营很多时候也是这样。2017 年，我们与一家声音社交软件公司合作做活动。在我参与之前，公关公司和那家声音社交软件公司一直争论 H5① 要怎么做。

后来我们聚在一个地方，聊了几个问题。

我问他们：为什么要做 H5？他们答：感觉 H5 比较"高大上"，能摆脱比较低端的感觉。

我问他们：怎么样才能摆脱低端的感觉？他们答：被主流媒

①指HTML5，也指用H5语言制作的一切数字产品。

体认可或讨论，因为主流媒体都是比较正面的。

怎么被主流媒体认可呢？传达一种积极向上的社会恋爱观。

怎样传达一种社会恋爱观？找不同职业的人来参加活动。

需要找什么职业呢？社会中有热度的职业。

最后我们定了以护士、军人、外卖员、作家、网红、总裁助理等为主要人群，然后安排不同的人进行对话，他们隐去收入、年龄、职业这些信息，谈了一场恋爱。

就这样通过不断地问问题，不断地洞察事物的本质，了解真正的需求，最后这次活动因为身份的冲突、价值观的碰撞，引起了社会热议，最后居然成为公务员时政考题热点。

看不到彼此长相，仅凭对方的声音做判断；不清楚对方的学历、职业和收入，仅凭对方的个人魅力做评估，你能否选中恋爱对象？近日，某 App 联合某微信公众号发起了一个名为"恋爱盲测"的实验……

后来，在做内容创意工作的过程中，我也多次告诫我的同事，不要拘泥于传播的形式，要着重了解营销的本质，想做出爆款内容，不一定要费尽心机地写一篇文章，要明确目的，一张截图，或一张皱巴巴的纸，同样能起到很好的效果。

比如区块链的爆发，其实就是因为群里的一张写着"禁止外传"的截图。如果截图上不加"禁止外传"四个字，它可能就不会传播得这么迅速，"禁止外传"这四个字其实就是告诉看到这张截图的人：这个信息很稀缺，你快告诉别人。这给了用户非常好的"社交货币",给别人发完信息以后,还要告诉别人:你不要告诉别人哦。这种神秘感更促进了信息的传播。

我曾经听朋友们说,他们运作了一些综艺节目的热搜,就是拿纸歪歪扭扭地写了几个人的名次,然后团起来,编辑一段话,说是有人在现场不小心捡到,便说节目有黑幕,发给各大营销号,最后果然引发很多热搜,既满足了节目的热度需求、营销号的流量需求,还满足了观众的"吃瓜"①需求。

以上这些无一不是通过不断去问为什么而洞悉本质,"大卫"就从石头里自然而然地显现出来了。

思维落地:丰田"五问法"

列出你目前要解决的关键问题,同时参照本小节给出的提问方式,不断深入,看看是否能得到新的答案。

1. 一问:

   答:

2. 二问:

   答:

3. 三问:

   答:

4. 四问:

   答:

---

①网络流行语,表示不发表意见,仅围观。

5. 五问：

　　答：

　　未来你遇到新的问题时，可以随时拿出这个列表，来帮助自己清晰地定义问题。

认知突围：
如何提升"底层算法"？

▶▶

现在是一个连傻瓜都会努力的时代。没有思考、没有总结的努力是不会带来回报的，反而会让你越来越累。只有少数人才愿意停下脚步，思考一下自己的目标是什么，怎样可以用最低的成本达到自己的目标。

时间观：学会把你的一份时间卖 5 次

I

把你的一份时间卖 5 次，我在之前出版的书《从零开始做内容》中提到过，在这里之所以要重申，是因为对我而言，这个底层逻辑真的很重要，而我的那本书也帮助很多人改变了自己的生活。

同时，我发现，其实很多人对这个概念的理解有偏差。针对偏差，我想就一些关键问题做一些补充。

把一份时间卖 5 次，简单来说，你需要搭建自己的飞轮系统，有了飞轮系统才能产生飞轮效应。

因此，首先要有个主业叫启动轮。

之前有一个机构找我合作，开设一门培训课，前期需要有几节引流①课。对方找到我说，你按照我们之前写好的文稿录制一遍，之后可以把这个视频放 5 次、10 次甚至 100 次。这样我们让你录制一次，你花一份时间，就能卖很多次。这看似符合我把一份时间卖 5 次的逻辑了，其实不然。

①吸引流量，把目标用户引导过来。

我说，既然我们要做，为什么不直接给大家上课？

所以，我这些引流课都是现场录制的，甚至找了同行业的朋友一起给大家做分享。通过这个方式，我把本来特别枯燥、尴尬，甚至可能都起不到引流作用的内容变成了很有氛围的分享，甚至还有好几位学员找我做个案咨询。

这就是我想说的把一份时间卖5次的关键点，你要打造好自己的启动轮。

2

我和很多学员聊过，聊完以后，我非常鼓励大家把聊天、复盘的内容，或者我让他们深入思考的内容写下来，以后做分享。

把内容写下来，你可能第一次就能卖出去，很多人可能因为内容开始欣赏你。

写下来以后，还可以再做一次分享。因为别人看你的文字，有时候无法和你产生共鸣。你可以建一个微信群，或邀请朋友参加一次线下聚会，然后再分享一次。

你向别人分享的时候，一定会产生信息增量。一开始你获得的内容是1，然后你结合别人提供的信息再去与其他人聊，这时候你获得的内容是2，内容在不断扩充，你对这件事的理解在不断加深。

写作和分享本来就可以把一件事变成很多份，这样你最少能卖出去5次。

你分享完以后，把分享的内容录音，可以再送给身边的朋友，这又是一次"出售"。

3

每一次参与一件事情之前，如果你发现做这件事不能让你卖5次，那你就可以考虑用更高效的方法来做，或者安排别人来做。

相反，如果你发现这件事有很大的潜在价值，可以实现一份时间卖5次，那么这件事可能就值得你投入足够多的时间和精力来做。把这件事做好，可能会成功打造出属于自己的启动轮。

大部分人只会以眼前的回报来评估价值，比如可以带来多少薪水，或者觉得老板只给这么多钱，我就干这些活就足够了，但其实这样可能会让你失去训练机会。

做一件事时，要跳出公司 KPI（关键绩效指标）的束缚，将它放到自己的人生里来看。如果一件事可以带给你高价值，哪怕多付出时间和精力去做，从长远来看，也绝对是节约时间的选择。

尽早全力以赴，打造属于你自己的启动轮，你的时间价值会远远超过同龄人。并且因为你的启动轮更有意义，你也能更早地为这个社会做贡献。

思维落地：打造你的启动轮

打造你的启动轮，你需要了解自己手头有哪些资源可以利用，以及自己大部分时间在关注哪些方面。

1. 从你的工作和接触的人里做评估，你现在在做的事情，怎样才可以做得更好？行业里的专家们是如何做出自己的代表作品的？你是否有足够的资源可以做出类似的东西？比如，你是一个短视频编辑，那么你是否可以先尝试做出点赞量超过 50 万的短视频。

2. 你需要多留意自己的思考角度。比如，看一部电影，有的人希望自己可以向朋友介绍这部电影，他可能适合做电影解说员；有的人喜欢看电影画面，他会留意布景、灯光、镜头衔接方式，他可能适合做剪辑师；还有的人对电影里的故事、情节设定等感兴趣，他可能适合做编剧；等等。你的思考角度会反映出你对哪方面的内容感兴趣，从这些地方入手，更容易打造出你的启动轮。

如果你找到了自己的启动轮，就需要全力以赴地把它打造好，因为它会是撬动你时间价值的有力杠杆。

成长观：时间 + 复利 = 原子弹爆发式的成长爆发力

I

有天晚上看微信朋友圈的时候，我看到了一条推送，是关于新榜大会的一个讲述者，他现在担任一个拥有 600 万粉丝的公众号的主编。

在运营微信公众号两年多的时间内，他涨了很多粉丝，关键是因为坚持。

在这个年代，我看 1 分钟的视频都想用两倍速看。但有这样一群人，他们仍然愿意花 5 分钟以上的时间，阅读 2000 字以上的文字信息。这是多么难能可贵啊。除了微信公众号，如今还有哪个平台能聚集这么一群难能可贵的人？所以，我坚信微信公众号的商业价值。

我看完推送之后，发了好一会儿呆，不是因为推送的内容有多好，而是因为我感觉自己错过了一个时代。

那天晚上，我发了一条朋友圈动态："脱离公众号的圈子太久了，刚刚看到这篇文章，内容很棒，但脱离文章中涉及的内容而言，我最深的一个感悟就是，相信时间的复利。做很多事情都是坚持，坚持，再坚持，然后才会爆发……"

很遗憾，我运营微信公众号，只坚持到了第二个"坚持"的阶段。

2

2018 年 10 月，有一个朋友给我投资，让我运营微信公众号。我兼职创业，找了几个实习生帮我。当时，我们写了一篇文章，叫《国庆朋友圈鄙视指南》。通过各种推送和转发，160 个粉丝，第一篇文章阅读量就达到"10 万 +"，甚至还出了几篇阅读量"30 万 +"的文章。当时意气风发，感觉一切都在手中。

后来，增长量的提升渐渐进入瓶颈期，再加上有很多其他事情，我的压力变得越来越大。

有一次，我和在新榜大会演讲的那个老哥聊天。我说，你们这个微信公众号做得还可以啊。他说，一般吧。我问他累不累。他说，累啊。我说，我也累。后来我们又聊了很多，无非就是大家都一样焦虑。

刚发完工资那天，有一个给人感觉不可能会离职的成员，也是我特别信任的成员——可乐，大晚上忽然跟我说他想回去考研，想去追逐一下自己的梦想，想停下来等一等。我跟他聊了一个小时。第二天，我又去公司跟他聊了很久。最后，他还是决定要离职。当然，后来他也没去考研，他说当时是因为压力太大才离职。

又一天下午，团队的两个核心成员离职，我们在创业不到三个月的时候解散了。

解散前的那天是圣诞节，我给每个人都买了一本书，给每个人的书上都写了一句话。送给小冰的是一本网易云歌词组成的书，给他写的话是：听什么歌都像在唱自己。

送给真实性格和现实反差特别大的八姐的是《涉过忘川》。我没看过这本书，但当时看到封面上的话，便一下就想起她来，那句话是：时间有巨大的贯通伤，文字在伤口里逃亡，前面是母亲的哭声，后面是忘川水涨。

我把《偷影子的人》送给了一个很内向的设计师大哥，并写了这样一句话：你是一个可以和别人的影子说话的人。

其实那天我自己也拿了一本书——村上春树的《我的职业是小说家》，书上有一句话，我把它送给自己：假如你立志写小说，就请细心环顾四周，吕白，希望有一天你也可以是个小说家。

3

后来，我还在为未来奔波，一次又一次跳槽，一次又一次更换不同的赛道。当我还在为自己取得的一些小成就沾沾自喜的时候，那个新榜大会的演讲者已经是拥有 600 万粉丝的公众号主编了。

我才感觉到，人生的复利效应真的很大，时间造成的差距是极难在很短的时间内弥补的。就比如写公众号文章，可能这个主编一开始没有我们做得好，也没有我们那么努力，但他比我们多写了一年，这一年的时间就让我们和他之间产生了很大的差距。

之前我总以为自己是聪明的，在某个新行业刚开始发展的时候踩中红利，获得溢价，再拿着溢价去更新的行业里，让溢价发挥最大的作用。但其实我只看到了一时的增长，却忘记了在行业里的积累所产生的复利。

就像爱因斯坦说的那样，世界上最强大的力量不是原子弹爆炸的威力，而是"复利"。

与时间做朋友，不要再错过了。

思维落地：管理好你的时间账户

坚持是最简单的事，也是最难的事。当你找到了正确的人生方向之后，在以后的人生道路上，坚持是不可或缺的。现在，请你：

1. 回顾自己过去的人生，想想你在做什么事的时候最能保持专注，并且没有压力。这样的事情甚至可以包括打游戏、购物等。

2. 把这件事作为原点，来打造你的人生坐标。想象一下，如果你坚持做这件事 10 年、20 年、30 年，会有什么样的结果。或者在这件事上，你佩服的人取得过什么样的成就。

大家往往高估了 3 天努力的成果，却低估了 3 年努力的爆发力。所以，希望你花时间写下自己想要花时间去做，并且会产生复利价值的事情。

事物观：用最小成本解决一件事

I

实不相瞒，我最努力的时候，是我赚钱最少的时候。

上大三时，我自己创业办的公司倒闭，我负债来到北京，蜗居在青年旅舍的上铺，带着写作的梦想来到行业内一家知名的微信公众号公司实习。

当时，我每天 6 点半起床，在车上时也不闲着，看当天发生的热点新闻，以每天 3 篇文章的速度写作，中午就趴在桌子上简单地午睡一下。晚上同事相约吃火锅，相约泡澡，相约吃小龙虾，我都拒绝了。我选择在公司加班，每天晚上工作到 11 点半。我退出 Word（文字处理应用程序）文档界面，一分一秒都不敢浪费。

初入公司的那一个月，我交了 54 篇稿子，比第二名多交了 42 篇稿子。那个月，我的日均睡眠时间为 4 小时。按照正常的逻辑，我那个月的绩效考核应该排第一，应该领 2 万元的"标题王"奖金和 5 万元的"发文最多"奖金。

然而实际情况是，我那个月的确拿了"第一"，除了一篇文章的两个标题被选中，我的文章和标题录用率为倒数第一。此外，我还收到了 HR^① 的一封邮件,那封邮件说,如果我下个月还是这样,就只能退出团队,因为我可能不适合做这份工作。

那是我最努力的日子,也是我最失败的日子。

2

那个月,月度会议后,我被主管留下来了。

她打印了我写的文章,厚厚一沓,旁边是其他三个实习生写的文章,三个人的加起来都没有我的厚。主管问我:"小白,你觉得自己很努力吗?"

我点点头说:"我不知道是不是审稿的同事不喜欢我的文章风格,我觉得自己写得很不错了,也很努力,但是她每次都把我的稿子退回来,让我重改。她是不是对我有意见?"

"那你是怎么重改的呢?"

"读一下她觉得我写得不好的地方,改一下表述。后来觉得她可能是不喜欢我文章的话题,我便看看当天的热点,再重新写一篇。"

"你写一篇文章要花多久?她让你改又要花多久?"

"写一篇大概需要 3 小时,改稿大概需要 15 分钟。"

"好的,我知道了。你这篇文章写的是北京状元接受采访时的言论,你花了多久写这篇文章?"

"3~4 个小时吧,我找到了他话里最核心的东西。"

---

①指人力资源,是公司的一个重要职位,负责招聘、培训、薪酬管理等。

"当时我们没有选你的文章，而是选了小熊的。你知道他写了多久吗？"

"小熊上个月好像就写了6篇文章吧，能写多久？两天？三天？"

"他写了一星期。你可以看看，这些是他当时打印的关于这个话题的其他公众号文章，其中他觉得有用的便用红笔圈出来。这是他当时标记的微博、知乎上关于这个问题的获赞最高的语句。看到一些特别好的回答，他还会去找回答者私聊。

"他的文章第一个版本已经没什么问题了，我看完之后提出标题有几个词可能需要换一下。他便去百度搜索了这几个词的搜索热度，以及这几个词的具体含义，一般在什么场合用。然后又去我们的粉丝群让大家为这几个标题投票，最后才确定了标题。虽然他写这篇文章花了一星期时间，但是，他花的每一分钟都是为了让这篇文章有更多的阅读量，都是为了进步而努力。

"你看看你这几篇文章，说实话，我觉得你的开头、结尾甚至里面的句子都只是换了一下主语和词语搭配。你自己有把这些文章给不同的人看吗？我感觉你这54篇文章只是在复制粘贴，稍微改动几个字就完成了，没有本质的区别。你看上去很努力，每天很早来，很晚走，但是你真的花心思在怎样提升文章的阅读量上了吗？你知道自己努力的目标是什么吗？你现在和目标的差距有多大？怎么达成这个目标？"

我被一连串的问题问倒了。我摇摇头，盯着桌上的纸张，没有说话。

"没有目标的努力，只是自我欺骗。"主管看了我一眼，把打印的文章给我，示意我出去。

我低着头，走出办公室，耳边回响着那句话：**没有目标的努力，只是自我欺骗。**

3

第二个月，我搬出了青年旅舍，借钱租了一个离公司很近，有独立卫生间的一居室。

我每天早上 7 点起床，晚上 7 点回家看书"充电"，或者和公司的朋友一起出去聊天，记录下自己觉得有趣和值得思考的话。

前半个月我都没有写文章，我去新榜网站、知乎把阅读量排在前 100 位的文章打印出来，用红笔标注出写得精彩的句子，用蓝笔拆解文章的结构，用黑笔总结文章能火是结合了哪几个点，再用一个专门的文档记录自己总结的规律。比如，热点文章的内容都是地域、人群、情感相结合，微博和知乎的热点中获赞较多的评论可以直接改写成文中的金句。

半个月后，我开始写一篇自己关注了很久的话题的文章，我拟了 5 个标题，发到了有 260 多人的微信群里，请群里的人投票选出其中最好的一个标题。我写了一整天的文章，并且边写边参考自己总结的规律，从开头如何精练地引入热点，到中间讲故事如何将人物、地域、事件几个元素结合好，再到结尾如何呼应开头，通过有规则的句式和押韵让金句更容易被记住。

我发给负责审稿的同事之后，除了几个地方的表述改了一下，当天晚上，这篇结合了地域、人群、怀旧元素的名为《曾帮我打架的兄弟，现在和我不再联系》的文章就被发出去了。文章发布半小时后，阅读量破万；3 小时后，阅读量破 10 万。最后阅读量累计达到 300 多万。

旁边的同事笑着对我说："深藏不露啊，小白！没想到你轻轻松松过了半个月，一鸣惊人啊！"

我看着手机上的阅读量数据，笑着回了一句："其实我比上个月努力多了。"

我看似没有之前努力，其实我将每一分力气都用在了目标的实现上。

我虽然半个月只写了一篇文章，但是这一篇文章达到了之前 50 篇文章都没有达到的效果。

我看似做了很多与写文章无关的事情，保证良好的休息，多体验生活，看别人的文章总结规律，其实正是这些让我最终获得了回报。

现在是一个连傻瓜都会努力的时代。没有思考、没有总结的努力是不会带来回报的，反而会让你越来越累。

只有少数人才愿意停下脚步，思考一下自己的目标是什么，怎样可以用最低的成本达到自己的目标。这就是做事的底层逻辑，学会关注事物的本质，用最小成本去解决一件事。

思维落地：关注不变的东西

请你思考现在手头的工作，有哪些规律是不变的，是可以解决 80% 的问题，而只占用你 20% 的时间？

在这里，给大家提供两个策略：

1. 要学会求助。如果你刚刚接触业务线，什么都不知道，那么想要发现本质，最好去找公司里的高手。如果没有，就去找行业里的专家。

2. 不断试错。敢于试错，发现一个你觉得可以用的方法后，请立刻用起来。很多时候，你不需要知道那么多道理，只需要一个行动。

当你真正用这个思考方式去解决工作中的问题时，一切阻碍都会变成挑战，激发出你无穷的创造力。

第二部分

突破阶层的四个关键

▼

自我认知：
影响命运走向的关键

▶▶ 一个人未来成就的大小并不取决于他现在的年龄、收入、学历，而取决于他内心真正的渴望。

我的自信都是骗子给的

I

3岁那年，奶奶带我从菜市场路过，一位"大师"拦住她，看着我，说道："这孩子眉清目秀，尤其是这个酒窝，可谓点睛之笔！"末了，又捻了捻胡子，总结道："未来成就不可限量！"

但到现在我都很纳闷，就连26个英文字母都花了半个月时间才记住的我，为何居然牢牢地记住了这句话。

此后，每当我考试考砸了被我爸打，跟人单挑被揍，或者在学校早恋被老师训斥的时候，我都会淡然一笑。笑完，身上又增加了我爸的手印、仇人的脚印，耳边又响起了老师的"叫你爸来学校一趟"的命令。

即使学习成绩不好，即使游戏也没打好，即使谈恋爱被甩，即使我妈不给我零花钱……如此多的成长"挫折"，都丝毫没能动摇我的信念。

我坚信自己将来会成为一个很厉害、很厉害、很厉害——三个"很厉害"一个都不能少——的人。

2

然后，奇迹真的一点一点地在我身上发生了：高考后，我踩着众多学霸的肩膀升入本省的重点本科学校；大一军训时，正步都踢不利索的我最后拿下了学院的军训团嘉奖，并力压群雄当了班长；跟别人合伙创业，大学就拿了人生的第一笔投资；实习时就拿过 5 万元的月薪；大学毕业后，我去了一线"大厂"上班；先后出版了 4 本书，大学还没毕业就年入百万了。

其实，在这些看起来很光鲜的成绩背后，真实情况是这样的：所谓重点本科学校，在省外只能算是普通本科学校；当班长不到一年，老师就说"你别干了吧"；创业最终失败，团队也解散了；实习时，最"牛"的不是我，而是同事；出版的 4 本书是慢慢步入畅销书行列的。

与赚钱相关的是无数次的昼夜颠倒、呕心沥血和一份不敢看的体检报告。

我感觉我的人生每次都是差一点就成功了。

后来，每当我快坚持不下去的时候，我就会找阿冬帮我"算"一下，让他告诉我，**我是天之骄子，我是难遇的天才，未来不可限量**；让他告诉我，我将来会优秀到说"我感觉有钱一点都不快乐，我最快乐的时候是一个月赚 3000 块钱的时候，或者定一个小目标，先赚它一个亿"。

然后，阿冬说："加钱！"

3

以上，自我洗脑完毕。

其实，我早就知道我 3 岁那年见到的"大师"对我们村的二花、狗蛋、李明说过同样的话。我自己也根本不是什么天纵奇才，我不够自律，很懒，不够努力，记性不好，智商不高。

就连写作这件事情，还是因为我实在不想做空乘，又没什么特长，冥思苦想失眠整整三个晚上，才想起来小学的时候写作文被老师表扬过，还有当年风靡全市初中生 QQ 空间的文章《××初中风云人物榜》，我才决定，去写作。

我确实没什么天赋，我也没有像小说、电影里那样成功逆袭。因为，我在入职新媒体公司后，写的稿子被"毙"了五六十篇，不服气就继续写，然后继续被"毙"，继而拼命写作，却依然写出一堆不合格的文章，差点被劝退。但最后，我忽然开窍了，研究了一些方法，弄清楚了是先有鸡还是先有蛋，后来写出了一些阅读量和质量都还不错的有诚意的文章，这才"一不小心"成了很多人的励志榜样。

我来自四线小城市，智商不高，普通大学毕业，从住青年旅舍开始，北漂 2 年 8 个月零 8 天，被超过 1000 个人说过不行。

记不清有多少次与成功只差一步。我也想过放弃，后来感觉确实不能放弃。

那就努力吧，努力让自己变"聪明"，然后再努力。

4

从我人生的前 20 年中可以总结出一句话：

一个人未来成就的大小并不取决于他现在的年龄、收入、学历，而取决于他内心真正的渴望。

也可以是另一句话：**因为相信，所以看见。**

思维落地：101 个人生目标

如何让你相信的世界具象化？可以做以下练习：

1. 打开一个文档，想象自己已经年迈，回顾这一生，你最想记住的是什么？你最想留在墓碑上的是什么？你最想留在别人心里的是什么？

2. 把这些内容分点写下来。

不需要有任何负担，把你心里最直接的想法写下来。比如：

我想去冰岛看一次极光。

我想赚到人生中的第一个 100 万。

我想出版一本自己的书。

可以先不考虑时间和金钱成本，允许自己面对内心最深处的渴望。

3. 写够 101 个人生目标。不要求一口气写完，可以给自己预留两星期的时间，每天都花一点时间来写一写。这是你第一次诚实地面对自己的内心，请你耐心对待，别着急。

靠"心灵鸡汤"系列书籍享誉全球的作者马克·汉森说过，

人要设定 101 个目标，如果坚决贯彻执行，那么将会受益无穷。受此启发，当时还是无名之辈的梁凯恩每半年更新一次自己的 101 个人生目标，最终成为亚洲演说家，在上海万人体育馆进行演讲，这也是他的目标之一。

即使你觉得写起来吃力，也很正常，因为你的心被不重要的事情蔽盖太久了。现在你可以试试从事业、工作、生活、家庭、享乐 5 个方面入手，每个方面写够 20 条，将它们拼在一起，100 条就出来了。当你落笔写下第一条时，相信你的生活已经开始发生变化。

自信是培养出来的

I

前一段时间，我受邀去一个线下活动做演讲。在自由提问环节时，有一个女孩问我："吕老师，我该怎么做才能和您一样有自信？"

通过女孩的讲述，我了解到，虽然她已经工作 5 年了，却还只是单位的一名普通员工，与她同一时期入职的同事如今大都已经成了她的上级。她习惯了被动地接受工作任务，即使是在自己擅长的领域，也不会主动争取，在机会面前常常产生"我不配"的自卑感。

望着女孩略显紧张的样子，我笑着鼓励她说："所有的自信都是靠慢慢积累的，你要做的就是从细小的、琐碎的成功中发现它，然后不断积累，相信你以后一定会成为一个有自信的职场人。"

其实，半年前我参加另一个演讲活动时，现场也有朋友问过我类似的问题，那一次我给出了截然不同的答案。

我说："**一个人自信的程度和他内心对成功的渴望程度成正比，你不是缺乏自信，你只是对成功的渴望程度还不够。**"

当时，我将这句话视为至理名言，因为我认为自己就是依靠对成功的绝对渴望才一次又一次地从职场的残酷竞争中杀出重围。

大学创业的时候，因为对拿到天使投资有着极度渴望，即使是第一次参与商业运作，我也强迫自己不能露出一丝慌乱，被甲方夸奖"初生牛犊不怕虎"。

在知名自媒体公司实习的时候，因为特别渴望留下，即使稿子被连续"毙"掉50多次，我仍相信自己能够从数百篇爆款文章里找到"成功秘籍"，最终我迎来了第一篇阅读量达到"10万+"的文章。

写第一本书的时候，因为对出版图书的渴望，虽然我从未涉足图书领域，但我凭借在内容创作中积累的自信和经验去写作，图书上市不久就登上了亚马逊图书热销榜单。

因为渴望，所以自信；因为自信，所以成功。

2

直到一个星期六的晚上，我在整理电脑文档时发现了一个文件夹，这个文件夹打破了我一直以来坚信的道理。

那天，北京下大雨，难得不加班，我打算归类整理一下"逼死强迫症"的电脑桌面，整理着整理着，就读起了之前做新媒体工作时写过的文章。

"存在的意义"——这个文件夹里有什么？我不记得自己写过这篇文章啊。我一边在大脑里飞速检索，猜测里面的内容，一边拖动鼠标点击文件夹。

2017 年 7 月 8 日

今天的文章标题起得特别好，让人一看就有打开的欲望。

2017 年 8 月 5 日

今天在选题会上被主编夸了，她说从反面角度切入的想法很不错。

2017 年 8 月 30 日

今天，公众号后台有读者留言说特别喜欢我写的这个故事，她前段时间也经历了类似的事情，读完这篇文章感觉自己被治愈了。

…………

我忽地记起，这个文件夹里保存的是我实习时的工作随笔。我索性暂停了手头的整理工作，打开桌边的空气加湿器，又倒了杯红酒，窝在椅子上，抱着笔记本电脑，一字一句地读起自己当初写的随笔。原来，我那时好像也没有记忆里那么"惨"。

虽然稿子经常被"毙"，但我是同组人中写稿最快的，经常因为提前交稿而受到同期实习生的"嫉妒"。

每次选题会上，我都会争着发言。渐渐地，主编在会上会习惯性地问一句："吕白有什么想法吗？"发表第一篇文章的时候，我收到了好久不联系的朋友的消息："以前只觉得你小子长得帅，没想到写东西也有两把刷子，我这一米八六的山东大汉差点看哭。"

3

微醺中，我忽然想起自己在演讲上中对于自信的那个问题的回答。

一直以来，我都将内心的极度渴望归结为自信的来源，却忽略了日常工作中看似微不足道的成功。如果没有这些近乎微不可察的成功，我还会像今天一样自信吗？

答案显而易见。

如果下一次演讲现场还有人提问如何才能变得自信，我大概会回答：**拥有对成功的绝对渴望，也别忘了积累细小的成功所带来的喜悦，因为所有的自信都是慢慢积累出来的。**

细微之处往往最为珍贵，成功与自信，往往成正相关。

思维落地："3+3"练习

其实，成为一个自信的人并没有那么难，你只需要用"3+3"的方法就可以用最小的成本改变现在的生活。

具体来说，"3+3"是什么呢？其实就是 3 个成功练习 +3 个感恩练习。

1. 每天晚上，回顾一下当天发生的事情。

2. 写下 3 件你觉得值得骄傲，带给你强烈自信的事。比如：

今天，我厘清了毕业论文框架，一直害怕做的事被我干掉了。

今天，我向老板汇报了工作的关键成果，并带有数据，我太厉害了。

今天，我完成了一次外出拍摄，一直想做的事终于开始做了。

3. 写下 3 个你觉得需要感恩的人，或 3 件需要感恩的事。比如：

谢谢项目组的 Mary（玛丽）给我的行业报告，这对我非常有帮助。

谢谢导师的指导，他帮我节省了很多写毕业论文框架的时间。

谢谢楼下小摊的小哥，他摊煎饼的手艺太棒了。

这个方法每天只耗费你几分钟时间。当然，你做得越多，对自己的生活观察得越细致，耗费的时间就会越少。

用这个方法建立你的自信手账本和感恩手账本。每次不自信的时候，拿出来看一看，你会获得特别实在的满足感，而且你也会发现，日子远没有自己想的那么糟糕。

自信可以来自巨大的成就，也可以来自数十次小小的肯定。

自他认知：
你处在什么样的关系中？

▷▷

人脉是最有用的东西，也是最无用的东西。在你没有利用价值的时候，人脉一文不值；在你有利用价值的时候，人脉价值千万。

你的实力就是最好的人脉

I

大学第一次年级会议上，辅导员给我们讲了一个很牛的理论，教育我们要好好与室友、同学相处。辅导员的话把当时还是毛头小子的我深深震撼了，以至于这么多年过去了，我还记得这个理论的名字——六度分割理论。

六度分割理论是指你和任何一个陌生人之间所间隔的人不会超过6个，也就是说，最多通过6个人，你就能认识任何一个陌生人。从理论上来说，如果我想认识美国总统，我可以先联系相熟的央视记者朋友，麻烦他联系驻美记者，驻美记者联系大使馆，大使馆联系白宫，最后白宫工作人员再告诉美国总统，我就可以和平时只能在电视里见到的美国总统取得联系。听起来是不是特别牛？

没错，我刚听说这个理论的时候也这样认为，便决心在大学里好好积累人脉，做一块"哪里需要哪里搬"的"全能砖"，在同学和老师面前频繁"刷脸"。平时学院里有什么活动需要志愿者，我都是随叫随到的一个；冬天，室友因为睡懒觉而"翘课"，让我帮忙答到，即使我也不想去上课，还是为了赢得好人脉而去上课。

那时候，在学院里，无论我走到哪里，几乎没有人不认识我，真可谓春风得意。只不过我好像也没有得到别人多大的帮助，反而是我一直在帮别人跑腿。"算了，以后总有需要别人帮忙的时候，现在不就是在攒人脉嘛。"我安慰自己道。

2

直到大四那年，我运营微信公众号，有了一定的名气，受邀参加一场"大咖"云集的新媒体活动。茶歇时间，坐在同一会议桌上的知名新媒体人拿出手机，打开微信的二维码，热络地招呼大家互相添加好友和组建微信群。"大家都是这个圈子的，互相加个好友，建个微信群，以后有什么事多联系，没事聊聊天，说不定还能激发灵感，写出'10万+'阅读量的文章呢！"我迅速掏出手机加入微信群，怀着十分尊敬的心情给群里的知名媒体人发送好友验证消息："您好，我是吕白，希望多向您学习。"

那天晚上回家后，我还多喝了两杯红酒，想着这次活动可算来值了，一次就认识了这么多"大咖"，以后朋友圈里的人层次都不一样了。

结果，第二天我就迎来当头一棒，只有两个人通过了我的好友申请，其中一个朋友圈还不开放。

是不是微信坏了？或者其他人也喝多了，还没来得及通过我的好友申请？

这一天，我记不清自己解锁了多少次手机屏幕，甚至重新下载了微信，却没收到一条成功添加好友的消息。

老板看到我颓靡不振的样子，拍了拍我的肩，说："小吕啊，能否获得人脉取决于你自身的价值，不是你递根烟，握个手，吃个饭，就能有人脉了。**互利互惠才能建立人脉，如果你无法给予对方同等的回馈，那就只是别人在施舍你罢了。**"

听老板一席话，胜加好友千人。

关于人脉，最核心的确实就是一句话：有利用价值。虽然很功利，但的确是实话。

这个利用价值可能来源于你的个人技能，来源于你的家庭背景，甚至来源于你手里不大不小的权力。

从那以后，我就把心思用在提升自我价值上，断了到处社交的念头。

我的第一本书出版后，销量还算不错，我受邀参加一个演讲，负责与我对接的人就是两年前没有通过我好友申请的一个人。

这一次，他不仅主动加我为好友，还称呼我为"吕老师"。

在你没有任何利用价值的时候，人脉为 0；但只要你有了利用价值，人脉就是一个杠杆。

比如，我很早就拿到了很高的工资，这是因为我去知乎当总监或者在我现在的公司做副总裁，都是别人推荐的。他们会说，吕白是一个"内容小天才"。就是这样看似不起眼的一句话，便能让我争取到比较好的面试机会。面试我的要么是 CEO，要么是 VP（高层副级领导）。他们的一句话会在无形中给面试我的人一个价值锚定，恰好我又表现得不错，体现出了自己的利用价值，所以就超额拿到了头衔和工资。

因此，人脉是最有用的东西，也是最无用的东西。在你没有利用价值的时候，人脉一文不值；在你有利用价值的时候，人脉价值千万。

3

前几天和几位百万畅销书作家一起吃饭，其中有两位作家的作品我中学时就读过，他们不仅人长得帅，经历励志，在写作方面取得的成就也让人尊敬。学校的师妹知道我和他们一起吃饭之后，激动地给我发语音信息："师哥，当年辅导员讲的六度分割理论诚不我欺呀。他俩是我很喜欢的作家，现在你和他俩认识了，四舍五入一下，很快我也会认识他俩！"

辅导员当年的话是对的吗？好像的确不能算错，但不完整。

人脉和能力，就像一枚硬币的正反两面。

当你有足够的能力了，你完全可以拥有优质的人脉资源，因为人际关系的基础就在于价值的潜在交换，有能力就代表你有价值。即使日后你因能力的限制遇到瓶颈，也可以借助人脉来打破瓶颈，更上一层楼。

《牧羊王子奇幻之旅》一书里有一句话，当你真心渴望某样东西时，整个宇宙都会联合起来帮助你完成。

关于人脉，我会自己积累。当你真正有利用价值以后，整个世界都会为你让路。

人脉可以给予你机会，但你只有凭借实力，才能抓住机会。

思维落地："价值四问"

不可否认，在社会中，你的实力是用"利用价值"来衡量的，即你是否可以用你的某项能力服务他人。

下面的四个问题，我称为"价值四问"，可以帮助你重新评估自己。

问题一：我擅长做什么？你可以留意一下生活中大家比较喜欢找你问什么问题。

问题二：我做的这件事是服务于谁？

问题三：他从我的服务中可以得到什么？

问题四：我的服务能够让他有什么不同？

这四个问题其实对应了商业领域中你的业务、你的客户、你的产品、你的产品的优势这几个层面，弄清楚这些，在自己擅长的地方做加分，并让自己不擅长的地方不丢分，你一定能找到属于自己的圈子。

想要进入一个圈子，首先要学会让利

I

在所有朋友中，我很欣赏刘畅，她年少有为，本科在某常春藤①大学读传播学，留学时写的关于海外留学生生活趣事的文章有很多篇阅读量都达到"10 万 +"，回国后直接被一线互联网公司走特殊人才招聘渠道录用。她还在微博上直播海外留学生活，有 100 多万粉丝。

我和她第一次见面是在 2019 年的 5 月份，当时我的第一本书刚出版，首印 2 万册，卖得还算可以。当时我参加一个 KOL②大会活动，她也参加了。活动结束后，我们相约一起吃火锅，她坐在我右手边，我们一起涮牛肉。

火锅汤底刚开，我正准备下牛肉丸的时候，她突然跟我说："小白老师，可以请你帮一个忙吗？我感觉自己所在的平台、自己的写作能力和粉丝量都还不错，我也在海外生活过，想出版一

---

①一般指常春藤联盟，美国东北部地区的八所高校组成的高校联盟。
②Key Opinion Leader，简称KOL，关键意见领袖。

本关于海外留学的书，你这边能不能帮忙牵线？”

我放下手里的筷子，问了一下她微博的粉丝量，又看了一下她之前的文章，感觉她在同龄人中的确算很不错的，便跟她说：“我也感觉你各方面都很不错，我认识长江文艺出版社的王老师，她人挺不错的，我帮你和她拉个微信群，你要不直接和她聊一下？如果有需要，我也可以帮你们组个饭局。”

我正准备涮毛肚时，她问我：“哪个王老师？是王 ×× 吗？她去年 10 月份找过我，我感觉她给的版税太低了，才 8%，最少要写 12 万字，而且首印也才 12,000 册，算起来，一本书才赚 20,000 元。还不如写几篇文章，打赏可能都比一本书的版税多。”

然后，她顿了顿，噘起嘴巴说：“其实，我也认识五六个编辑，除了长江文艺出版社的，还有中南博集天卷的、人民出版社的。这些编辑之前都找过我，但是，我感觉他们欺负我没出过书，不懂行情，要么版税只给 7%、8%，要么首印量只有 12,000 册、15,000 册。我看当当网上那些作家，版税平均都有 15%，首印量都是 50,000 册起步。”

我把牛肉丸放在沙茶酱碟子里，慢慢蘸酱，并说道：“其实，我的版税也不高。”

她说：“怎么也得有 12% 吧，你之前的成绩摆在那里，书的质量又高。

“只有 6%，首印原本是 12,000 册的，我降低版税，说其中 3000 册不要版税，才加到了 20,000 册。”

望着她诧异的眼神，我想起了刚开始出书的自己，然后补了一句："将欲取之，必先予之。想要进入一个圈子，首先要学会让利。"

2

其实，出书一直是我的梦想。13 岁的时候，我看了很多网络作家的书，当时我就告诉自己，有一天我也要做一个作家。

上大学时，我花了一个月的时间不去上晚自习，熬夜写了一本小说，大概 20 万字，我自己觉得情节跌宕起伏，人物形象十分丰满。我向很多家出版社投稿，但一直没有收到回复，以至于我一直怀疑自己没有成功把稿子寄出去。

后来，我去了一家垂直行业内排名第一的新媒体公司，写出了很多阅读量"10 万 +"的文章，我又开始动了出书的念头。2018 年 11 月，我通过编辑分享的一个活动认识了中信出版社、长江文艺出版社的编辑，我把自己写的公众号文章发给他们看。中信出版社的编辑收到之后，过了几天才回复我，说文章质量很好，看得出我有写作的潜质，然后问我有没有出版过纸质书籍。我说没有，之后她就没再回复我。

过了两天，长江文艺出版社的王老师约我喝咖啡。见面以后，她说："小白，是这样，我们打算出一套系列书，以励志为主题。我们原本有几个候选人，他们都出过书，但是我看了你的公众号文章之后，觉得有几篇文章改·下就可以编辑上去了。不过，因为你是新人，我们提出的版税和首印量可能相对低一点，你看能不能接受？"

"低一点？大概是多少呢，王老师？"

"我们能够给你 7% 的版税，目前首印计划是 10,000 册，我个人可以帮你争取一下，到 12,000 册左右，你看看是否可以？如果可以的话，我们计划明年 3 月份就上市。"

7% 的版税？12,000 册？这两个数字完全低于我心里的预期，我尽量让自己的表情看起来正常，诚恳地说："老师，版税能不能提高到 8%？或者版税 7%，首印 20,000 册。"

王老师顿了顿，说出去给同事打个电话商量一下。她出去了大概 20 分钟，回来跟我说："我们商量了一下，要么版税定 8%，首印量 10,000 册。如果首印量提高到 15,000 册，版税只能定到 6%，20,000 册基本不可能。作为一个新人，你自己考虑一下吧，我能争取的都帮你争取了。"

因为条件远低于期望值，我本来想直接拒绝的，但出于礼貌，我还是说我回去再考虑一下，3 天之后给答复。王老师送我出咖啡厅，我转身出门的时候，听到她叹了一口气，小声嘀咕了一句："好不容易找到一个好苗子，想要带进圈子里，但他还是目光太短浅了，不懂得让利。"

不懂得让利。不懂得让利。不懂得让利。……回去的路上，这句话一直回荡在我的脑海里。

推开家门的那一瞬间，我突然意识到，即便我多拿了几个百分点的版税，也只是多拿了点钱。我现在的工资还过得去，而且通过讲课、写文案等工作，我还有很多机会赚钱，但是，出版这本书恰恰是我进入一个圈子的机会。

在我还没有进入一个圈子，也没有这个圈子里的人脉资源时，我能够交换的，就是更低的成本和谦逊的态度，这样才能证明自己的诚意。

我马上给王老师打电话，说我可以接受 6% 的版税，但是首印量是否可以加到 20,000 册。对方一边惊讶于我如此快地给出答复，一边说第二天问问主编。最后，她告诉我，首印最多只能是 15,000 册，不然他们的盈利就太少了。

我想了想，对我来说，最重要的是能发行多少本书，便咬咬牙，回了一句："这样吧，如果首印 20,000 册的话，其中 3000 册我不要版税，剩下的 17,000 册版税都按 6% 算，王老师你看是否可行？"

王老师很快回复说："我果然没看错你，你是个有眼光的人。你放心，这本书一定大卖，你现在少拿的版税，以后都会赚回来。以后火了，别忘了我就行。"

我笑着回了一句："借你吉言，火了的话，我请你吃饭。"

3

第一本书出版以后，虽然没有卖得超级火爆，但也还算不错，连续两星期在当当新书榜排名第一，励志榜排名第一，还卖出了越南、韩国和中国台湾的版权。

那位中信出版社的老师看到我的朋友圈动态，主动找我，问我有没有兴趣在他们出版社出书。我的第二本书取得了更好的成绩，之前让出去的版税都收回来了，我也因此签了 3 本书，版税最高达到 12%。

世界上不乏想要一步登天，聪明而又有野心的人，但缺少能够"曲线救国"和长期坚持，有耐心的人。

李嘉诚为了进入商业圈，对合作伙伴说，别人拿七分、八分，我们李家只要六分打造商业帝国；拼多多为了崛起，实行"百亿补贴"，成功抢占用户心智空间；章子怡为了进入好莱坞，自降片酬、咖位，终成一代影后。

大多数成功者都不是一步登天、一战封神的，而是学会让出眼前的利益，换得圈子里的一席之地。

学会让利是你以最小的成本进入一个圈子的利器。让现在的小利，是为了得以后的大利。

在得到之前，你得先学会让利。

思维落地： 让利小实验

相信很多人看完这一小节，会觉得在生活中，自己一般不会遇到类似的情况，那么这个思维有什么价值呢？其实，我让大家学会让利，是希望大家明白如何和他人建立合作关系，在自身不占优势的时候，如何让自己与他人达成某项合作。

大家不愿在合作中让利，本质原因是不想吃亏。可是，换个角度想，如果可以一起创造更大的价值，自己获得的回报虽然少，但依旧比一个人努力的所得要多得多，那么为什么不放手去做呢？真正有价值的东西不仅限于物质回报，还有你的能力，以及对世界的贡献。

所以，当你遇到类似的需要抉择的情况时，希望你能问自己以下两个问题：

    1. 通过与别人合作，能否实现自己一个人不能达到的效果？

    2. 通过这次合作，你是否可以建立新的项目里程碑？

    相信你在得到两个肯定答案的同时，也能明白，一开始的这张名为"让利"的门票，在未来会给你带来更大的价值回报。

一生纯良，略有锋芒：
如何与他人交往？

你要知道，在这个世界上，你若好得

毫无保留，对方就敢坏得肆无忌惮。

克制自己否定别人的欲望

I

大年三十那天，我收到了分公司的新员工小李的一条拜年微信消息，在众多群发的拜年祝福中，小李的祝福脱颖而出。那条消息很长，写得比我编了半小时才发给大老板的新年祝福还要用心。

其中，有一段话是这样的："吕老师，2019年，我做过的最正确的决定就是跳槽到咱们公司，谢谢您对我的每一次肯定和鼓励。因为您的肯定，我知道了自己工作的意义，它不只是一份用来糊口的工作。"

肯定？鼓励？这是什么时候的事情？我在心中疯狂打问号。

在我的印象中，我只在分公司刚创立的时候去那里工作过半个多月，小李也不是核心员工，除了每星期的例行谈话，我好像与她没有太多交集。

我把在分公司工作的片段仔细回想了三遍，却怎么也想不起来到底什么时候夸赞过小李，最后不得不向好奇心屈服，委婉地向小李询问事情的来龙去脉。

我万万没想到，原来真的是例行谈话时我随口的夸奖让小李找到了工作的意义。

当时，分公司的整个工作方向出现了偏差，我紧急空降之后做的第一件事就是和每个员工谈话，记录他们的优点、缺点，总结之前的经验教训。大多数人都在抱怨工作重点出现了偏差，耽误了宝贵时间，只有小李一个人心态非常乐观，还提出了几点关于短视频创作的建议。

"吕老师，我记得特别清楚，当时您就站在办公区的中间位置，跟大家笑着说要向我学习，以乐观的心态面对工作上暂时的挫折，少抱怨，多做事。我是个很敏感脆弱的人，一个人在大城市打拼，经常会忍不住哭鼻子。我从上一家公司离职也是因为老板动不动就打击我，让我觉得工作特别没意思。您是第一个在同事面前夸奖我的领导，我真的特别感动，在心里悄悄发誓一定要好好工作。

"后来您还夸过我视频脚本的细节写得好呢。最后一次例行谈话时，您让我好好加油。"

2

望着小李发来的文字，我瘫坐在沙发上，想起了 7 年前发生的那件事。

其实以前我不仅不会鼓励别人，甚至还经常否定自己。

父母把他们小时候受到的打压和否定都施加在了我身上，当我考了 95 分的时候，他们苛责我："那丢掉的 5 分是怎么回事?!"当我考到 98 分的时候，他们也不肯定我的进步，反而问我："邻居家的孩子怎么就能考到 100 分？"

于是，"否定"是他们教会我的一堂课。否定我不需要多么高深的策略、训练，只要明白并抓住幼小且精神力量孱弱的我离开他们无法存活这一事实，他们就可以向我输出他们的价值观，让我也成为一个习惯否定别人的人。

直到高三那年，我离开家去参加艺考机构的培训，遇到了一位形体老师。她刚刚做了妈妈，为了照顾孩子，从航空公司辞职来培训机构当老师。

每天上课的时候，我都能从她的口中听到不会重复的称赞。

"你的五官长得很端正，特别是眼睛，你直视别人的时候，给人一种非常踏实的感觉，这是你的优势。"

"你的体重控制得很好，很有自制力，继续保持。"

"你今天状态很不错，加油！"

"虽然你在动作方面还有一些不足之处，但离艺考还有一段时间，我觉得你是个聪明又刻苦的学生，肯定没问题的，不要给自己施加太多的压力。"

…………

两个月后，当我回家在机场看到我妈时，我脱口而出道："妈，你今天这身衣服真好看，显得你特别有气色。"我妈当即一愣，接着面露尴尬地说："都快 50 岁的人了，哪里还好看！"嘴角却忍不住上扬。

"好看还不让说了啊，你哪里快 50 岁了，明明还很年轻。"我继续笑着打趣。

就这样，在"爸，你今天做的饭真好吃""妈，你每天给我准备消夜，辛苦了"的感谢中，家里的氛围在不知不觉中发生了改变。

现在，我和爸妈视频聊天，经常听到的话是："儿子，你真厉害，但也别太辛苦，爸妈最希望你身体健康。"

3

当我感受到肯定别人给自己的生活带来的巨大变化时，我才明白：否定别人也是一种"病"。

简而言之，这是一种又蠢又苦的"病"，名字叫"时刻否定别人"。这种"病"不仅会惹怒别人，也会使自己陷入消极情绪中。形成否定别人的坏习惯，意味着我们把他人看得太过重要，不敢面对他人的长处。长此以往，不仅无益于建立良好的人际关系，还会让自己陷入自卑的情绪中。

别再做一个时刻准备反驳别人的"杠精"了。

克制自己否定别人的欲望，在肯定别人的过程中你能同样享受被肯定的美好。

思维落地：请多做肯定表达

首先，重要的事情说三遍：没有人喜欢被否定，没有人喜欢被否定，没有人喜欢被否定。

你会发现身边的牛人都很少否定别人，或者否定别人之前会说："嗯，你说的这点确实有道理，我从不同角度再补充几点。"

这样的否定更容易被别人接受。

下次你如果想否定别人，不妨先从肯定开始，哪怕只是客套。

想要显得真诚，就少用普通的形容词，多积累一些有力量的表达。比如你夸人长得帅，不一定要直白地说"你真帅"，你可以说："你简直就是翻版吴彦祖。"

当然，其中最不可或缺的是你的真诚。在日常生活中，你能发自内心地看到别人的闪光点，这样的你也必定会闪闪发光。

现在，请你尝试夸夸你身边的人：

1. 选一个朋友，想出他的三个优点并告诉他。

2. 选一个同事，想出他的三个优点并告诉他。

投资未来

I

本来和李尚龙老师约了饭局，突然因为有事情耽误了，便在微信里和他解释，他回我："不着急，我们等你。"我们？我没有细想，走的时候带了瓶酒，好赔礼谢罪。

回想起和李尚龙老师相识的经过，也是非常有意思。

那次在"一刻 talks"①的一个活动上，我半开玩笑地说："尚龙老师，我是看您的书长大的，是您的铁杆粉丝，很久之前就给您留过言，请您为我的书写篇序吧。"万万没想到，李尚龙老师当场就答应了，还解释说给他发私信的人太多了，所以没注意到我的留言。

事后，我本来只期望李尚龙老师能帮我写个推荐语之类的，没想到他真的给我写了一篇序。不仅如此，前段时间，李尚龙老师还为我的新书站台。

谁也没想到，一次偶然的交流却引出了李尚龙老师此后的多次相助。说实话，我到现在也不太理解李尚龙老师为什么这么帮

---

① 即"一刻演讲"，该活动邀请行业领袖人物、榜样人物分享关于生命、生活、事业的感悟。

我，难道是他一早就看出我能成材？开玩笑，可能就是我运气太好了吧。

2

想着想着，就到了吃饭的地方。

说了桌号后，服务员引着我过去。一到桌前，我就连忙说："我迟到了，自罚三杯。"尚龙老师开玩笑说："算了算了，酒太贵。"当时气氛特别融洽，尚龙老师给我介绍了一下现场情况："这是吕白，最近写了《人人都能学会的刷屏文案写作技巧》。他呀……""这是古典老师，是我的大贵人，今天也介绍给你认识一下。"

"古典老师啊，我听说过您，有本书叫《如何成为一个很厉害的人》，是不是就是您写的？"我一脸严肃认真，当然也希望借此和老师的老师套套近乎。

没想到他们二人都笑了。"那本书是采铜老师写的，古典老师写的是《拆掉思维里的墙》。""哈哈哈，对对对，我就是想活跃下气氛嘛！"其实，我是真的记错了，不过我开始时认真的表情反倒让他们觉得我是真的在开玩笑。

几杯酒下肚，我没忍住，就问了李尚龙老师为什么要帮我，不仅亲自为我写序言，还帮我站台。李尚龙老师让我问古典老师，为什么2015年时古典老师也愿意帮那时还什么都不是的他作序。我看向古典老师。

"Pay it forward!"古典老师意味深长地笑着说道。然后他和尚龙老师眼含热泪地看着我，我也眼含热泪。然后，我趁他们不注意，拿手机查了一下这句话的意思，原来是"投资未来"的意思。

古典老师继续解释他的"Pay it forward"。

有一次，他在欧洲旅行，在一家商店里挑好了商品，结账的时候发现还差4欧元。他问店员能不能刷卡，店员表示不支持刷卡业务，只能付现金，当时还没有移动支付。

当他准备把东西放回去的时候，他后面的顾客帮他支付了那4欧元。付完款，他追出去想询问那位好心人的联系方式，把这4欧元还给他。但那位好心人婉拒了他并说出了上面那句英文。

"我帮助尚龙老师，尚龙老师帮助你，不是求你回报我们什么，而是希望你可以将这种'Pay it forward'的精神传递下去，传递给下一个需要帮助的人。"

3

回去后的好几天，我都时不时地想起"Pay it forward"这句话。之前我写过一篇文章，叫《写给五年后的自己》，文章有两个版本，一个版本是五年后自己出人头地，另一个版本是那时自己仍然是个无名小卒。

在第一个版本中，我写道：

公司的业绩节节攀升，每天有数千万的现金流，拿下了数亿元的C轮融资，正在筹备上市。你意气风发，开始每天接受各大新闻媒体采访，发表讲座、演讲，成了所谓的"青年创业导师"。

在一次创业大赛中，作为评委的你仿佛看到了很多个从前的自己。但是，你"否定"了他们。是的，只要保持现在的状态，或许你的人生会一直精彩。

但现在，当我知道了"Pay it forward"这句话的由来和精神内核的时候，我才真正明白之前的传递的意义，很幸运能成为李尚龙老师"Pay it forward"的对象。但是，我不能仅仅把这份幸运收藏着，因为藏着掖着会让这份幸运腐坏，唯有常怀"Pay it forward"的精神，让这份幸运传递下去，这份幸运才会保持鲜活，才会永存。

也许我现在还不够格做"投资未来"的投资人，因为我深知自己做得还不够好，更没有古典老师和李尚龙老师那么大的影响力去帮助其他人。但是，若是下次有个看起来像当时傻愣愣的吕白一样的年轻人跑到我面前，并请求我做点什么，即使他不被世人看好，我也会尽自己所能帮他，不要求回报，只求 Pay it forward。

思维落地： 藏在生活角落里的"Pay it forward"

平时，我接触到不少优秀的人，与他们交流的时候，我发现他们身上有很多优秀的技能，可以帮助别人，但他们总是害怕表现出来。

比如，我认识一个女孩，她的朋友圈文案写得很精彩。和她接触后，她告诉我，平时很多朋友，比如做微商的、做自媒体的，都会向她请教如何写好朋友圈文案。"他们对我怎么写出精彩的文案很感兴趣，我也都很热心地给他们解答了。现在我想帮助更多的人，但我不知道要怎么行动。"

我告诉她，你要让别人看见你的能力和付出。

1. 你可以把你帮助过的人所取得的成果发布在你的朋友圈。这样一来，首先别人会感受到你的热情，其次也能从这些成果中看到你的能力和价值。

2. 不要吝啬向这个世界展现你的价值，一如不吝啬地 Pay it forward。去找找你可以为大家在哪些细节上提供帮助，即使只是美化 PPT（演示文稿）的工作，也值得被看见，因为世界因此在变得更好。

你的善良要有锋芒

I

"怎么样，星期日有空吗？"许久不见，甚至连与我的微信聊天记录都已经大半年没更新的王哥突然联系到我。

"没问题啊，老地方吧。"

"好的。"

许久不见，王哥瘦了不少，脸色不是太好。

"最近在忙啥？也不见你的动态。"

"唉，先点喝的吧。"王哥叫来服务员，点了他常点的酒，点完单继续说道，"我跟你说，做人别太善良了。"

"啊？发生什么事情了？"我很是惊讶，瞬间"脑补"了无数情节。他这是被人骗了？被女朋友甩了？不对，他不是一直都单身嘛！那是为什么？他不像是会说这种话的人。难道是工作方面遇到问题了？也不太可能，都工作这么久了，该经历的也都经历过了。

酒上来了，他抿了一口，皱了皱眉头，才开口道："最近公司不景气，我辞退了几个人，其中一个剪辑师小赵跟我杠上了。"

"为啥？你们给的补偿不够吗？"

"他还在试用期，哪来的补偿。况且之前我已经和他谈过两次了，说再做不好就走人，谁知这次……你猜怎么着，他居然给我录音！"能看出来王哥很是生气。能让王哥这个"老江湖"生气的事情着实不多，毕竟看多了就看破了，但这次看起来很严重。

"他录了什么？"我发觉事情并不简单。

"不是还有一个多星期就放假了嘛，我跟他说，你早点回家过年，这个月工资照发。说白了，就是让他白拿这十天半个月的工资。结果，他还不领情，觉得我是怕他，不仅录音，还把录音用 E-mail（电子邮件）发给公司的所有人，要挟我赔偿。真没见过这样的年轻人，得寸进尺！"王哥说得脸都涨红了，酒吧的灯光昏暗，却依旧能看到他的脖子、额头上暴起的青筋。他往嘴里大口灌酒，周围的热闹丝毫没有让我们这桌的阴沉气氛消解，我不敢开口说话，生怕惹得他不高兴。

2

半瓶酒下肚，王哥顿了顿，继续说："我不仅给了他假期，让他白拿十天半个月的工资，还好心好意地给他推荐公司，告诉他以后求职如果需要我帮忙，尽管开口。我对他掏心掏肺，他不领情也就算了，没想到还倒打一耙，觉得我示好就是示弱，把这个当把柄……"

"这个小赵是什么来历？"我试探性地问道，想帮王哥判断一下。

"一个刚毕业的大学生，职场'小白'，谁能想到他给我搞这么一出戏！""老江湖"王哥怎么也想不到自己会被初出茅庐的应届生摆一道。

"你知道他平时的工作状态是什么样的吗？"

"我刚才不是说过了嘛，这已经不是第一次出问题了，但他屡教不改。不过，他这个人原本就不太合群……"

"独来独往吗？这也还好吧。"我不自觉地插了句嘴。小赵那么硬气，搞得我都怀疑会不会是王哥太严苛了。

"比这严重多了，他的沟通能力太差了，他的工作是剪辑，但是全公司的人都不愿意找他干活，没人能跟他合得来。这还不算什么，虽然小赵这个人还算是有实力的年轻人，不然我也不会让他入职，但他做事情就是不全力以赴。之前我就这个问题和他谈过两次了，也警告过他，说不行的话，试用期结束就走人，但他就是不改正。现在我劝退他，也只不过是公事公办，他还不乐意。你是不知道，他的录音里也录进了他承认自己工作能力不足之类的话，现在他还把录音传遍公司，不知道他是怎么想的……"

"这种人我也是第一次见……"我也没想到会有这种人，之前被警告这么多次，不改正就算了，错在自己，还这么理直气壮，我开始后悔刚刚替小赵说话了。

"我帮他争取了最大的利益，他却把我承诺帮他求职当作变相打压，我第一次遇到这种情况。平时工作的时候也不见他好好做，做出一点小成绩就天天挂在嘴边，他也不看看自己什么样，当初与他一起入职的几个人，进步都比他快。"

倾诉完之后，王哥的脸色变得平和多了。"所以，我跟你说，小人畏威不畏德。正人君子会报恩，小人只会恩将仇报，小赵这种人又坏又蠢。如果你太善良，小人就会觉得你好欺负，你在怕他，他就会更得寸进尺。听哥一句话，善良要有锋芒。"

"嗯，确实是这样，谁知道你对面的人是小人还是君子呢！"

"我知道我对面的人是君子。"

"哈哈哈，我对面的也是。"我被王哥逗笑了。

3

善良固然没毛病，但一味地善良，往往会让对方感觉你很软弱，就像被下属背后捅刀的王哥，就像《芳华》里把"做好人"当作信仰，却被别人认为他的付出理所当然的"活雷锋"刘峰。

你要知道，在这个世界上，你若好得毫无保留，对方就敢坏得肆无忌惮。

善良不是让你一味地成全他人，使自己遍体鳞伤，有时候，一味地忍让和妥协并不能换来别人的温柔以待。

有人说，如果善良只是一味地付出，那么这种善良，我宁愿不要。

你的善良要有锋芒。

思维落地：学会正确定义人和事

前一段时间，我也劝退了一个还在试用期的员工。在劝退之前，我跟他聊过三次，后两次谈话后，都确定了彼此认可的工作目标，但他总是达不成目标，也不努力，未到下班时间就开始收拾东西。

最后，在一个特别重要的时间节点，因为他工作上的失误，那个月的业绩目标没有达成，连累了同组的四名同事。我劝退他的时候，他说我耽误了他两个月，还说我和他的直属领导都犯了很多错误。

我跟他说："我特别后悔因为怕你不好找工作，没有早点开除你。我刚才跟你说的公司给你的补偿全部取消，因为你是在试用期，能力与岗位不匹配，且给公司造成了一定的业绩损失。按照法律规定，我已经提前跟你沟通过三次，所以现在你可以直接走人了。"

在生活中，我们要温柔，而在工作中，我们要学会站在理性的角度看待问题，用事实和数据准确评估问题，因为这样做才是真正的善良，才能让大家看清真相，有所成长。

1. 如果你在做一件事有挣扎、头脑混乱的时刻，不妨重新评估一下这件事。

2. 写下你的理由，与一味地善良说再见。

成长监测器：
自我成长的六个小建议

▶▶

当你一直处于舒适圈时，你周围都是
与你在同等层次，甚至没有你优秀的人，
你会产生一种自己最优秀的感觉。如果对
外界没有认知，就很难知道自己的不足。

"蠢货速率"：过去的自己真傻

I

你有没有觉得一个月之前的自己很傻？

如果没有，那就说明你这一个月没有任何进步。

有一次，为了写一篇文章，我翻看自己之前的朋友圈动态，越看越想笑："以前的我怎么这么傻！"翻到一张合影的时候，我突然想起跟一位行业前辈的一次饭局。

饭局上，我最年轻，理应坐最下方的位置。跟这位前辈一起吃饭，我就是坐在最下方的位置。那时候我觉得自己初出茅庐，什么都不懂，在一堆"大咖"面前话都不敢多说，生怕说错了什么话惹得他们不高兴。

说白了，就是没有底气。

席间，这位前辈一直将话题引到我身上，想让我得到其他人的更多关注。饭局饭局，先有饭，再有局。

前辈说："吕白这个小伙子在新媒体行业做得挺不错的，给我们传授一下经验吧。"语气中没有任何调侃的意思，而有一种肯定。

我说："我哪有什么经验，还得靠前辈们多多指教。"

前辈点点头表示赞许，提议一起碰一杯。

碰完杯，我才发现他们的杯口都举得很低，只有我一个新人，杯子举得最高。当时，前辈意味深长地看了我一眼。

因为平时很少参加这种饭局，对于很多规矩，我实在不懂。后来我才知道，跟前辈碰杯，杯口要比对方的低，这是向对方表示尊重和礼貌。虽然这是一个很多人都知道的道理，但那时候我却不懂。

2

前几天，我又跟这位前辈约了一次饭局，这次他特地让我坐上方的位置，说这样我们说话方便。我不好再推辞，只能坐下。坐下才发现，席间也有一位新人。

这次，我不再跟以前一样，生怕说错了什么话，一切应对相比之前更加自如。

李尚龙老师跟我说过一句话，我们都有过参加一个聚会发现无话可说，甚至不知道做什么的经历，因为你不属于这个群体。

通过一段时间的努力，我让自己属于这个群体了。借着去洗手间的空隙，我看了看镜子里的自己，感觉比以前多了一份成熟和自信。想起之前参加饭局碰杯的尴尬，就觉得好笑。

后来，我看到那位新人在饭局上一副战战兢兢、不敢多说话的样子，很像以前的自己。在洗手间遇到他时，就跟他聊了起来。

我说："没事，放松点，不用紧张。"

他看着我，似乎是在感激我看出了他的窘迫并安慰了他。"嗯嗯。"他点点头。

我说："我之前参加饭局的时候也很紧张，觉得自己就是个小人物，不属于这里。"

他说："我感觉自己在这里有些说不上话。"

我跟他说："这次饭局的意义不是简单地吃一次饭，而是给你动力，要让未来的自己属于这里。"

我还剩后半句话没有说完，后半句话是：这样，未来的你才会知道自己跟过去的差距。

我问那位前辈："您为什么总是带新人参加这种高端饭局？这样会不会……"

前辈说："我知道你想问什么，你想问这样会不会让新人尴尬。"

我点点头。

前辈："带新人参加饭局，一方面是想让他们接触新的人脉，另一方面是为了提高他们的认知层次。"

现在，我终于明白了我第一次参加高端饭局的意义，那就是提前认识傻傻的自己，这也算是一种成长。

3

当你一直处于舒适圈时，你周围都是与你在同等层次，甚至没有你优秀的人，你会产生一种自己最优秀的感觉。

如果对外界没有认知，就很难知道自己的不足。

一旦形成"自己最优秀"的意识，不管是现在还是未来，都会很难发现自己很傻。

什么是成长？成长就是不断地否定过去的自己。

有人解释说过"蠢货速率"一词：如果你现在不觉得一年前的自己是个蠢货，那说明你这一年没学到什么东西。

在工作、生活、情感、交际和学习中，都存在这样的现象。

"蠢货速率"停滞不动，就说明你止步不前。相反，当你觉得"蠢货速率"高速提升的时候，恭喜你，你已经敲开了高速成长的大门。

"大咖"在年轻的时候，也是哆嗦着手敲开新世界大门的。明白"蠢货速率"的你，依旧会紧张、害怕，但你明白，这不过是成长的另一面。一回生，两回熟，勇敢地踏上这条路，才会改变自己，和过去的自己说再见。

思维落地：你处在高速上升期吗？

知道"蠢货速率"后，我在每个月的月初都会进行反思：

1. 上个月，我做了哪些事情，现在看起来很傻？

2. 未来遇到类似的工作场景，我会如何处理？

3. 我还在什么类似的事情中犯了同一类错误？

我会问自己以上三个问题。

对一些在找工作的人而言，想要提升自己，根本不需要借助工作，在找工作的过程中就可以提升自己。

如果你不明白找到一份工作后，其实可以拿这份工作做跳板，再观望其他的工作机会，那么这个问题可能反映出你平时做事比较专注。这是优点。但是，你也可能在某些时候不知道变通和为自己争取利益。看到这些，接下来，你不仅可以用这种方式找工作，还可以有意识地在日常工作中训练自己，学会变通。

高手即使在头脑中保持各种对立的观点、方法，也能自圆其说，且知道如何依据实际情况进行随机组合。你也可以在日常生活中不断地自我反思，获得这样的成果。

想要走上上升期，请善用以上方法。

向内探寻：自己才能给自己答案

I

2019 年 12 月 29 日，星期日，23 点 29 分，我正在写更新团队组织架构的想法。

忽然，微信的图标闪动，我一看，是朋友发来了消息。

她说："我年底要轮岗了，最近在做选择。"

"轮到哪里去？"我问她。

"还没想好。反正都是战略线，但是，是产品战略还是公司战略，我还没想好……"

"我的想法是，多找人聊一聊，无论你接不接受他的观点，无论你认不认同他的想法，找 5~10 个人聊一聊，你就知道自己要选什么了。"

"嗯，我也觉得自己现在需要更多的信息输入。"

"信息输入不是最重要的，主要是多找人聊一聊，这样你就知道自己想要什么了。"

"找什么人聊？你有建议吗？"

"随意。答案不是别人给你的，是你自己给自己的，你要做的就是通过别人来找到自己内心的答案。"

2

我不知道朋友找了哪些人倾诉自己的困惑，也不知道她最终的决定是什么。

其实，之前我也有过和她一样的处境，面对选择，不知所措。

我在知乎做内容营销总监时，有不少公司向我抛出橄榄枝，包括我后来入职的公司。那时，我面临的抉择不比那位朋友轻松。继续留在知乎，工作内容我比较擅长，而且还有几百万的期权；离开知乎，我可能需要涉猎不熟悉的领域，但发展空间可能更大。是去是留，我一时也拿不定主意。

我找几个朋友聊了一下我的处境和困惑，以及所做出的选择可能会带来的利弊，每个朋友给我的答案都不一样。

我一遍又一遍和不同的人讲述自己面临的两难选择，当我讲到第五遍、第六遍、第七遍时，我发现自己越来越明白，我明白了自己的内心，搞清楚了自己真正想要的是什么。

别人无法帮你做选择，所有答案都是自己给自己的。

别人是别人，自己是自己。别人无法替代我们做出回答，因为没有人能真正百分之百地懂我们。除了自己，没有人能为我们的人生负责。

所以，无论是在工作中还是在生活中，我们面临困惑，面临难以抉择的事情时，要做的不是请朋友、前辈直接给出答案，帮我们做出选择，而是从与朋友、前辈的交流中弄清楚自己的答案。

在交流过程中，你会不断审视自己。你会越来越清楚自己想

要的是什么，你会有自己的答案。

就像东野圭吾说的一样，其实所有纠结做选择的人心里早就有了答案，咨询只是想得到内心所倾向的选择。最终的所谓命运，还是自己一步步走出来的。

思维落地：向内探寻的两个方式

对内向型的人而言，从自己丰富的内心世界找答案更自然、舒服。写日记是一种不错的向内探寻的方式。写下你对所经历的事情的感受与看法，给自己足够的时间来做决定。

外向型的人更倾向于从外界的反馈中获取能量，可以考虑与朋友对谈，向有经验的长辈请教。

但无论性格是外向还是内向，你都要明白，最后的决定都是完成向内探寻，靠近自己心中预期目标的结果。

对于受择业困扰的人，我想再说三句话：

1. 无论找谁聊，其实你内心早就有了答案，听听别人的话是为了让你看清自己内心最真实的选择。

2. 选择去哪家公司的时候，想清楚自己要满足公司的什么需求，你满足的这个需求与自己未来的规划是否匹配。想好自己在这家公司能获得什么，这些东西能否成为你下一份工作的资本。

3. 相信且确信你会在一个时代留下名字。

开始行动，写下你的答案吧，而未来还是需要脚踏实地地走出来。

丰富阅历：不读书，就去和 100 个人聊天

1

我从小就很讨厌读书，特别是大部头的纸质书籍，每次父母把我关在书房，让我看书，我其实都是在数文字，还有很多次把书页扯下来折成纸飞机。

很多读者都觉得惊讶，说你好歹也写过爆款文案，又是青年作家，一年的书籍阅读量没有 100 本，也有 50 本吧。然而，我只能惭愧地说，为了充门面，我确实买了很多书，但是很多连塑封都没拆，一年到头最多也就看 20 本书。

然而，前不久，有一位一年没见的前辈见到我，夸我说我的思维成熟度在很短的时间内提升了一大截，问我是不是闭关看了很多书。

我笑着回答说没有。但是，相比看书，我发现了对我而言能更快提升自我的事情，那就是与各个领域厉害的 100 个人聊天。

2

一开始，我与别人聊天是带着赚钱的目的。2018 年，我在一

家业内知名的新媒体公司做得风生水起，后来侥幸进了一家互联网公司，当时我的第一本书也很快就要出版。

那时候知识付费非常流行，有一位朋友给我推荐了"在行"App，2016 年的时候，这个 App 就已经完成了 A 轮融资。你可以在这个平台上约见不同领域的专家，与他们进行一对一的谈话，一般标价是 200~500 元不等。

我一开始的计划是多帮助有写作想法的朋友，在业余时间赚一点零花钱，于是我就把自己总结的一套爆款文案的生产方法作为授课教程，在"在行"上做约谈授课。

因为我之前的文章积累了一些阅读量，加上我总结的方法实践起来很有效，之后，很多平台上有大量粉丝的知名自媒体人都开始约我谈话，甚至就连《富爸爸穷爸爸》这种畅销书的译者前辈也联系了我。

慢慢地，我发现自己准备一次谈话的时间越来越长了。更重要的是，很多时候，我需要在与对方约好谈话时间之前就了解对方的需求和问题，甚至需要看看对方的行业主要的行业逻辑是什么，这样我才能在这两个小时的对话中与对方有思维的碰撞，才能让谈话不空泛。

与之相应的是，对方给我带来的让我惊喜的问题和我的收获越来越多。比如：

"吕白老师，您觉得短视频时代内容的趋势是什么？小红书和抖音的生态区别在哪里？这对我们内容行业从业者有什么要求？"

"吕白老师，您知道金字塔原理吗？您觉得我们汇报工作都要运用金字塔原理,还是……"

"吕白老师,想请教一下,您是怎么管理时间的?我看《高效能人士的七个习惯》中讲的是分几个步骤进行时间管理,您觉得合理吗?"

每一次与不同领域的人对话,我都仿佛在跟一个手握武功秘籍的人过招,在一次次提问和你来我往的回答中,我逐渐明白了如何将创造出爆款文案的秘籍延伸到短视频领域,在小红书上怎么"从0到1"地做内容。

更重要的是,他们中的很多人都是行业内的精英,他们已经筛选出了很多经典的书籍,通过寥寥数语,他们就将最精华的、值得分享的东西带给了我。

比如,汇报工作要用到金字塔原理,结论先行;做时间管理是没用的,要做精力管理,给自己留思考的时间;要学会发展副业和理财,不要把鸡蛋放在一个篮子里。

这种感觉太棒了,就好比大家一起在森林中生活,有人帮你把猎物带到你身边,去除没用的、有毒的部分,将最精华的部分烹饪成佳肴,送到你的嘴边。

而你自己也在不断地输入和输出之后,吸收有用的部分,完善、迭代自己的思维体系,将原本停留在文字上的总结,通过表达,最终落实到行动上。

在我看来,与行业内的100个精英谈话一年,胜过一年看100本书。比起看书,与别人谈话更能让我进步。

3

如果此刻正在翻书的你也和我一样不愿意看书，那么，我想告诉你的是，不用强迫自己做一个"啃书虫"，打开手机，上豆瓣、知乎、在行等，去和100个人聊天。

书本上的知识是死的，只有你理解了并表达出来，知识才是活的，经过你自己思考的东西才是你的。

正如《天龙八部》中看了很多武学秘籍，说起武学来头头是道的王语嫣，不可能成为真刀真枪地与敌人实战的武林高手，只有不断与高手过招的萧峰才有可能练就绝世武功。

听君一席话，胜读十年书。与其把时间浪费在已经严重滞后于时代的书籍上，不如直接与优秀的人对话，直接汲取他们读书后最精华的思考内容。

不喜欢读书？不爱读书？读书少？我会告诉你，一点关系都没有。

走出书房，和100个优秀的人聊天，你可能就是那第101个优秀的人。

思维落地：去找别人聊天吧

我发现，人生是分阶段的，读书也是如此。

绝大部分人没办法坐下来用一段时间大量读书。换句话说，短时间内读很多书，一方面很难实现，另一方面也没什么用处，因为你对书中的很多内容没有切身的感悟，仅仅是看过而已。

年轻的时候，你应该多接触各行各业的精英，与他们聊一聊，提升一下你的思维能力，然后再去读几本好书。你会发现，那样才能真正把书读透了。

读过又忘记，有什么意义？有人说，当我还是个孩子时，我吃过很多食物，现在已经记不起来吃过什么了，但可以肯定的是，它们中的一部分长成了我的骨头和肉。

读书亦如此。人生没有白读的书，每一本书最终都将融进你的血肉。

但事实上，读过的书忘了就是忘了，那时的你没有生活感悟，没有入世，没有烟火气地读书就是白读。

杨绛先生说，年轻的时候以为不读书不足以了解人生，直到后来才发现，如果不了解人生是读不懂书的。**读书的意义大概就是用生活所感去读书，用读书所得去生活吧。**

现在建议你找一个人，跟他讲一讲你最近读过的一本书。如果你正好是不爱看书的人，不妨听听别人的故事。

看书和聊天，都不过是你有一种思想，我有一种思想，彼此交换，我们就都有了两种思想，甚至更多。

简单记忆：少就是多，记住你能记住的

I

我们公司有每个月邀请业界"大咖"举行讲座的传统。

每次听讲座时，同事总是带着纸笔、iPad（苹果公司发布的平板电脑）和笔记本电脑，试图记下"大咖"讲的每一个要点。有时候 PPT 翻得太快，他们来不及记下，还会先拍照。我坐在中间，既没有带纸笔，也没有带电脑，像极了学霸周围的"学渣"。

有一次，培训结束后，短视频部的总监阿华跟我说："吕老师，我实在忍不住了，想请教您一个问题。您的记忆力是不是特别好啊？第一次听讲座的时候，您什么也不记，我以为您是忘记带纸笔了。后来我以为您懒得记，可是每次复盘的时候，您又比我们理解得透彻。您是不是有什么记忆秘诀啊？我最近做策划做得快愁死了，您教教我。"

我拍拍阿华的肩，凑在他耳边说："你之前猜的是对的，我就是懒，但是记忆力也不太好。"

2

其实，我曾经也和阿华一样，是一个上课必做笔记的"乖学生"。

上高三的时候，班主任特别严厉，每天像复读机一样教育我们说："好记性不如烂笔头，上课必须做笔记，要把老师讲的都记下来。"有时候，他甚至还会扒在教室后门的玻璃上，专门看谁上课没有做笔记。

可是，我的笔记写了一本又一本，成绩却并无起色。

直到有一天，历史老师在课堂上问了我们一个问题。

"同学们，还有 100 天就要高考了，你们背了几遍历史书了？"

"老师，书也太多了，1000 多页的书，谁能背得完？上下五千年的中国历史要学就算了，还有世界史。"讲台下的我们纷纷抱怨道。

"对，没错！1000 多页我也背不完。但考试真的会考 1000 多页的内容吗？事实上，每年常考的内容最多不过 200 页。因此，与其把时间均匀分在每一页上，不如只抓住这 200 页的重点，大胆舍弃其他，而重点就在真题试卷里。"

后来，我将历史老师教授的方法用在了每一门科目上，高考时超常发挥，被理想的大学录取了。

3

现代建筑史上最为经典的名言是"Less is more"，意思是：少就是多。如果拥有全部，则太累，那么不如给人生做做减法。

学生时代，每个人都雄心勃勃，想要记住老师讲的每个字，不落下任何一个知识点。

进入职场后，我们面对业界"大咖"的讲座和见面会，抢前排座位，拍PPT，录音，将键盘敲得噼里啪啦响，费尽心思记录每一个可能对我们有用的知识点。

可是，就像以前下课铃响了就再也没翻开过笔记本，如今的讲座记录也正在办公室的角落里睡得昏天黑地。

无论是上课还是听讲座，最重要的是学到你目前需要的东西。

因此，我始终坚信，讲座结束以后我还能记住的内容，就是我目前最需要的，对我最有用的内容。一场讲座中，我只要学会一个方法，一种思维模式，甚至仅仅记住一个故事就够了。

不做无意义的记忆，而对于自己用得上的内容，就要花费心思努力记忆，甚至举一反三。

4

其实，很多时候，我们都在盲目地"求多"，但最终什么也得不到。

某年冬天，我接到了以前同事的一通电话。他向我抱怨，说最近新媒体行业越来越难做，准入门槛低，水平参差不齐。他刚刚创建了一个自媒体号，问我有没有什么引流方法，能够让他的号从众多新号中脱颖而出。我认真地听完他的状况和问题后，为他提供了一个非常具体可行的解决方案。

他听完，先是连着称赞了几句："你太厉害了，吕老师！我就知道找你准没错，你太厉害了！"过了两分钟，他又说道："除了这个方案，还有没有候补计划啊？"

我听后非常不解，反问道："难道刚刚的方案不能解决你说的问题吗？"

"能！何止能，简直非常好。我就是想问问有没有其他方法，寻求心里踏实。你也知道……"

我忍不住打断他说："我们平时做候补计划，大多是因为事情的不可控因素太多。可是，你目前的问题只需要一个方案就能解决，为什么要多此一举，把自己搞得这么累呢？"

听完我的话，他陷入了沉默。

小孩子才做选择，成年人全都要——这句年度流行语成了当下年轻人的口头禅。只是选择全部的时候，你是否还能记得自己最需要的和对自己最重要的东西？

许多时候，我们习惯了"多个方法，图个心安"，这样不仅会让我们忽视最好的方法，也会让我们心猿意马，没办法"一条道走到黑"，最终与成功失之交臂。

请相信，成功绝非以量取胜，而是以质取胜。

思维落地：一次只记一个方法

出去听别人的讲座或者听课时，即使那个人是超级"大咖"，讲的东西非常有用，我也从来不记笔记。

这不是因为我的记忆力有多好，恰恰相反，我的记忆力很差，经常记不住别人说的东西。

但即使是这样，我也始终认为，讲座结束以后我还能记住的就是我目前最需要，且对我最有用的东西。一场讲座中，我只要学会一个方法，一种思维模式，甚至只记住一个故事，就足够了。

把能记住的内容完全琢磨透就够了。你不妨也尝试一下这样的方法：

1. 听一次讲座，记住一个观点，将其分享给别人。

2. 记住一个方法，立刻将其用到你的生活中。

不再向生活寻求答案，而把生活过成你要的答卷，相信你可以做到。

团队合作：加入团队，用团队化模式赚钱

I

上大一的时候，我家破产了。

起初我以为只是暂时资金周转不良，后来，我得知，几百万资金都已经打了水漂。以前我一个月有 3000 元的生活费，后来一个月只有 500 元。回家时，父亲躺在病床上，让我拿 34 元去买点好的东西吃。

当时我就在心里发誓，我一定要赚很多钱，要比以前家里拥有的钱多得多。

于是，接下来的一个月，我什么都干：摆地摊，发广告单，推广 App。山东冬天很冷，我拖着几十斤物资在宿舍楼来回转，上下楼梯时，衣服湿了三回，又干了三回。晚上回自己宿舍的时候，已经过了门禁时间，被宿管阿姨骂一顿后，又在舍友不耐烦的回应声中摸黑上床睡下。

那个月，20 斤的物资，我只卖出去了 2 斤，App 的下载量指标也只完成了 20%。望着账面上的 687.5 元，我第一次感到无助。当时，我觉得对一个大学生来说，赚钱是一件很困难的事情，直到第二个月第三天的中午，我遇到了浩哥。

2

我是在给高年级学生做地面推广时认识浩哥的。当时，我敲开他宿舍的门，他身穿一件白背心，看着我给他送的小礼品和要求下载的 App 二维码，对着我笑了笑。

"学弟是大一学生啊？低年级学生不谈恋爱，出来赚钱？上个月赚了多少？"

我低下头，以为又是一个揶揄我的家境富裕的艺术生。我看着手机屏幕，有点不好意思地回答道："上个月我赚了 680 多块，一个人做地面推广，要管物资，要思考话术，还要写活动推广文章。这个月我熟悉了内容，也许能赚得多一些。"

对方大声笑了一下，看了我一眼，说道："你小子自己一个人能赚 600 多块，也是够拼的。你这小身板能扛这么多物资？不过，老弟你这样赚钱，要熬到什么时候！跟学长干吧，我有一个做兼职地面推广的微信群，我拉你进去，你自己想一下要负责哪一部分，文案、话术、物资后勤、线下宣传，哪部分做得好就负责哪部分。"

然后，学长把我拉进了微信群。进群之后，我看到群里有艺术学院、文学院、体育学院的同学，大家都在名字后面进行了备注：××学院××年级××专业×××，专门负责哪一部分。我们艺术学院一个高年级的学姐也在群里，她专门负责线下宣传和广告活动对接。

我进群不久，大学院的几个同学便让我把我之前写的文案发到群里，看过之后说我写的文案很有感觉，让我和他们一起做文案策划。

3

接下来的一个月，我每天就是正常上课，正常休息，空闲时间就在宿舍写稿子。文案组专门负责文案的撰写、修改和宣传工作，物资后勤组负责与商家对接活动物资和仓储运营，线下宣传组负责做地面推广。一般来说，加入文案组的同学都要求有成文的作品，我们小组的成员会从标题到内容反复修改几次，先在内部测试阅读体验，调整文案的版面布局，讨论内容上可进一步修改的地方。

线下宣传组的成员是几个艺术学院或外国语学院的气质优雅的学姐，她们做推广的时候，大家一般不太会拒绝。物资后勤组的同学利用学生会的资源找到了专门的空教室以存储物资，并用团队专门购置的推车运载物资，这比我自己一个人守着几十斤物资进行推广轻松得多。

那个月的月末，我们超额达成了 3 个商家要求的 40% 的订阅量和关注量，我的一篇文章也达到了 6 万的阅读量。浩哥当月便给我转账了 3800 元，另外给我包了一个 888 元的红包，作为"文案组宣传第一人"的奖励。我们团队的几个人约在学校东门外的店里吃了一顿烤鱼。席上，我看着团队中的每一个人被烤鱼辣得微微发红的脸颊，突然有一种找到家的归属感。我敬了浩哥一杯，感谢他给我机会，让我能比以前轻松一半，却赚到了比以前多几倍的钱。

浩哥豪爽地把酒干了，笑着指了一下大家，说："你小子要谢的不是我，是大家。男女搭配，干活不累，咱们这么多人，赚钱自然轻松。这就是团队的力量。"

再后来，我去腾讯工作过，去知乎工作过。我发现，在大公司里，每个人都有固定的岗位，每个人完成自己的职责，并做到最好，所有流水线上的工作都能得以完成。这个合力得到的效果往往不是简单将每个人的结果相加那样的增长，而是指数式的增长，远远超过一个人的力量。

众人拾柴火焰高。用团队化模式赚钱，你会收获想不到的惊喜。

思维落地：学会借力

很多事情，其实根本不能只靠一个人做，或者说，一个人并不能十八般武艺样样精通。这个时候，你需要一个很重要的技能，就是借力，借助团队的力量帮助自己成长。

1. 想清楚这两点：这个团队需要什么？你可以提供什么？

2. 自行搜集相关资料，或者在"在行"App 上约聊相关领域的专家。这样，当你和团队负责人对接的时候，别人才知道应该把你放在什么位置上。

如果你想运营一个项目，就可以考虑借助别人的力量，而不是只靠自己一个人。这个时候，你需要对项目有比较清晰的认知，并适当地看一些管理学的书籍，了解如何管理团队，让整个团队爆发出更大的力量，从而获得更大的回报。

关系捷径：豪门阔太的艰难生活

I

长江商学院可谓名气在外，要进去可不容易。2019 年，长江商学院 EMBA 项目的学费需六七十万元。除了交得起学费，你还得有 8 年或 8 年以上的全职工作经历，有 5 年或 5 年以上的高级管理岗位工作经历，并且现在处于企业的核心决策层。能在长江商学院进修，至少说明你有钱，能干。而长江商学院里的女同学更是引人注目。据说，当年王石和田朴珺就是在该学院认识的，还一度引起了外界人士对"圈子经济"的关注。

有一次参加访谈活动，我认识了长江商学院的在读生安姐。

她妆容精致，一头微卷有型的中发，暗红色套装搭配丝质衬衣，配上花朵式样的耳环，干练大气又不失女人味，连我这样的"直男"①都注意到了这些细节。我拽了拽身边的女同事，小声嘀咕道："你看，安姐的耳环多好看，多有气质，你也去买一对戴啊。"

女同事回了我一个白眼，无可奈何地说："确实好看，谁都

①网络流行词，指情商低，不懂女生心理，不懂浪漫，以自己为中心的男性。

觉得好看吧。那是香奈儿 CAMÉLIA 系列的饰品，一对小小的耳钉就要 5 万块。"

对安姐来说，穿衣打扮是"必修课"，她说，如果穿得不好看，就说明没品位，没品位的人怎么能和有品位的人一起共事？第一印象很重要，你不知道你在什么时候会遇到什么人，所以任何时候都得保持美丽。

安姐的老公也不简单。现在的安姐不仅是长江商学院的在读生，更是一名标准的豪门阔太太。但聊起这个话题，原本神采奕奕的安姐长叹一口气，跟我们说起了她老公陪她去看电影《流浪地球》的经历。

"看完电影，我老公问我电影怎么样。我说，不愧是大刘的小说，'硬核'的科幻设定，从特效上来说也算是中国电影的高水平了。还有东方式的家庭理念核心，有一点像《地心引力》和《星际穿越》的融合。大场面虽然有瑕疵，不过呈现度已经很高了。"

安姐说她当时侃侃而谈，提了很多观点，但她老公又说道："我其实是想问你，你觉得现阶段投资影视行业怎么样？我感觉未来中国科幻电影还挺有市场潜力的，要不要买《流浪地球》所在的电影公司的股票？"

2

"普通夫妻或情侣日常约会，通常是愉快、放松地看一场电影，如此简单。可我在这样的场景里，有那么一瞬间，觉得自己好累。"

这样的感叹在外人看来是难以理解的。养尊处优的豪门阔太太，穿着最新一季的漂亮衣服，出门开豪车，参加的活动都是高端的，就连结交的朋友都是非常优秀的。他们的真实生活印证着那句网络流行语：有钱人的快乐，你想象不到。

为什么安姐还会觉得累呢？她不用跟别人合租，不用早起等两趟地铁才挤得上去，不用每天加班，拖着疲惫的身躯回家后只想睡觉，更不用像其他普通女孩一样小心翼翼地翻看商品吊牌上的价格。其实，人在不同阶段、不同环境下的苦恼是不一样的，你所看到的光鲜生活，只是一部分。

"你知道我为什么累吗？有时候，我感觉自己像一只花瓶，还是那种必须蓄满水，有内容的花瓶，甚至时刻要警惕被其他花瓶替换掉。"

安姐今年 36 岁了，明明是"80 后"，看起来却像"90 后"。她会定期到美容院进行面部、手部保养，她说手是女人的第二张脸。除此以外，还有全身 SPA①。而运动锻炼，有氧、瑜伽、普拉提一样都不落下。午饭一起用餐时，我们也感受到她很注意饮食。除了这些外在的注意事项，还得兼顾读书学习，从国家经济大势到最近的新闻热点，都要了解，不管是聊商业方面的专业知识，还是茶余饭后闲谈，她都不能"怯场"。

"我还得保护好自己的家庭，你明白吗？"

要美，要年轻，要懂商业，要应付第三者，这样听起来确实

---

① SPA 即水疗、指通过沐浴、按摩、香熏等来促进新陈代谢。

是累。豪门生活没有我们想象的那样轻松，豪门阔太太的生活似乎也很艰难。

如果给你一个嫁入豪门的机会，撇开那些杂七杂八的条件，对方长得丑，年龄比你大 20 岁，提出不合理要求等，除了有钱，他就是个普通人，你会选择与他结婚吗？

3

嫁入豪门容易吗？不容易。普通姑娘嫁入豪门有可能吗？基本不可能。

有人会说，难道灰姑娘和王子的故事在现实生活中不存在吗？严格来说，童话中的那个灰姑娘可不是真的"灰姑娘"。她出身于富人家庭，母亲、父亲先后去世，跟着恶毒的继母生活，受尽欺负。她住在阁楼里，可那是豪宅的阁楼；干着保姆的活，可也能接触最新款的高级美丽的衣服，以及精致的食物。她虽然生活在逆境中，但是拥有坚毅的品质和丰富的知识。

灰姑娘的故事告诉我们，最后嫁给"王子"的女孩，也是从小在豪门长大，眼界、学识、品位等各方面都不差。美丽的皮囊千篇一律，有趣的灵魂万里挑一，既美丽又有趣，实属不易。现在的男男女女都很现实，你挑我，我挑你，挑的可不是外貌，大部分婚姻都是门当户对的两个家庭的选择。

所以，别总想着走捷径，人生没有那么多飞上枝头做凤凰的事情。况且，豪门生活不易，如果想当"王的女人"，那你自己就得是"女王"。梧高凤必至，花香蝶自来，只有自己变得优秀，你才能遇到更优秀的另一半。

先成为"英雄",更容易当好"公主"。

思维落地： 如何找到你的爱情？

提起爱情，女孩子总是会不自觉地陷入对韩剧中的欧巴 ① 的幻想。当然，这没什么问题。那么，究竟怎样在现实中找到你理想的对象呢？

我从遇见理想对象的概率层面提供一些参考建议。如果你想找一个身材好的人，除了多去健身房，对于健身房的地理位置也要留意，毕竟去健身房健身的人也是良莠不齐的。如果你想嫁入豪门，就不应该天天逛酒吧，因为那里出现"伪豪门人士"的概率更大。

1. 用更科学的方式了解你的爱情需求。

2. 在物质世界中划定标准，进而确定对方可能出现的圈子和时机，保证那些时刻你也在场。这才是比较现实的爱情攻略。

以上仅供参考。

①音译词，来自韩语，女生对略年长的男性称呼欧巴，即"哥哥"之意。

第三部分

向上进阶的三大思维

▼

借"势"向上：
行业思维

当努力的方向是对的时，工作能力才

有被谈论的价值。

选对行业：三年以内的新兴行业

I

之前在浏览微博的时候，我看到一句话：工作能力是这个世界上最不值钱的东西。我听很多人说过这句话。他们说，自己工作能力最强的时候，最有创造力的时候，却是工资最低、最赚不到钱的时候。反而到了后面，通过行业红利、房地产红利和各种跳槽，才赚到了钱。

这就像爬楼梯，如果你想上6楼，你的工作能力可以让你上6楼，那么问题就不大，还能每天锻炼身体。但如果你想上60楼，你还爬楼梯吗？你的体力再好，也没坐电梯快。尤其是当你生病的时候，怀孕的时候，你还能爬楼梯吗？你还能上60楼吗？

当时我并没有真正理解这句话，心想：工作能力真的这么不值钱吗？"电梯"的作用有那么大吗？

后来我读MBA的时候，有一个商界"大咖"来兼职讲课，现场有同学问他说："一个人获得成功，其自身的努力起了多大的作用？""大咖"顿了顿，说："10%。"

"10%？"同学们交头接耳，大家都没想到努力占的比例会这么低。

"不，可能要再改一下。"现场忽然变得很安静。

"其实只有 5%，刚才说的 10% 还包含 5% 的运气，所以只有 5%。"他略加思索，补充了自己的答案。

他继续解释，**一个人要获得成功，最重要的是把握住时代的机会。在时代面前，个人太渺小了，只有选对行业，踩对红利区，个人的能力才能被无限放大。**

选对行业就是乘上了"电梯"吗？个人在时代和行业面前一定就那么渺小吗？

2

有一次，我跟一个新媒体行业的朋友徐徐吃饭，她有一个超级热门的微信公众号，年收入达到了九位数。我问她："你觉得自己获得成功，是因为选对了行业，还是因为你个人的努力？"

"开始时，我觉得我成功是因为我非常努力，比其他人都努力，并且我也比别人更有才华一点点。"徐徐说出了心里话，不好意思地笑了。

她继续说道："但是，后来我发现，努力不一定能成功。因为我以前也努力了，并不比现在努力少，但是我以前就没有现在这样的成就。我观察其他同行，他们也非常努力，有时候我都自愧不如。所以不能否定他们，说他们不够努力，所以不够成功。"

"所以，你觉得是你的才华让你成功的？"我打趣说。

"开始我还真这么认为，"这次她没有笑，而是一本正经地继续说她的感悟，"后来我发现，这次我获得成功，是因为我正巧赶上了好时候。"

"嗯？"

"对，我赶上了好时机。我刚开始运营微信公众号的时候，是新媒体行业刚刚兴起的时候。那时，市场还不饱和，所以我可以较快地占领市场，也才有空间做大，这是第一个时机。"

她顿了顿，接着说："我的内容受到追捧并不是因为我多有才华，有才华的人太多了。除了赶上了新媒体兴起这个时机，我还赶上了女性意识崛起这一潮流，我的公众号又是偏向女性主义内容的公众号之一，帮很多独立新女性发声，我写的文章有人看，所以才成功了。"

仔细想想，确实是这样，我向徐徐分享了MBA老师说的"选对行业""选择新兴行业"的观点，她的经历也印证了这一观点。

通过徐徐的经历，我也切切实实感受到，"坐电梯"真的比"爬楼梯"要快得多，"选对行业""选择新兴行业"确实比工作能力强弱重要得多。在一个几乎没有什么发展空间的行业，你再怎么努力，所获得的份额也大不到哪里去；而选择一个新兴行业，这个行业自身就是有膨胀、扩张趋势的，我们只要顺着潮流走，赶上"时机"就行。

当努力的方向是对的时，工作能力才有被谈论的价值。

3

其实，一直有人问我：你是1996年出生的，也没有亮眼的学历，为什么已经比绝大多数同龄人收入多、名气高？你一定很努力，很有才华，能力超群吧？

假如没有经历和 MBA 老师以及徐徐的谈话，我大概也会认为我本人比较有才华，我比绝大多数人努力，所以我现在拥有的是我应得的。但后来，面对这样的问题，我一般都会回答"我运气好"。

这不是什么客套话，也不是什么假谦虚，是我在和老师以及徐徐谈话后，复盘了自己的经历所得出的结论。我发现，我之所以提升这么快，原因也在于我乘坐了"电梯"。我虽然努力，但别人也很努力，因为我赶上了好时代，所以才进步神速，超越了同龄的"爬楼梯"的人。

2014 年，我开始运营微信公众号。搭上这部"电梯"，纯粹是因为"运气好"。我当时也不知道"选择新兴行业""抓住时代机遇"之类的大道理，完全是无意中进入这个领域的。后来，我也换过几家公司，但工作的大方向没变，行业没变，所以算是一直搭着"电梯"往上走的。2014 年，新媒体行业刚刚兴起，行业的整体增速非常快，所以我在其中得到发展更多的是得益于整个行业的发展。

试想一下，在一个已经发展得比较成熟、完善的行业中，个人要发展，就要在已经形成的"行业等级"下缓慢爬升，哪怕你再优秀，别人 80 岁才能达到的高度，你以 1.5 倍的速度爬升，也要在 50 多岁时才能达到。这时候你都年过半百了，还拿什么和更年轻、更有干劲的人拼？

反之，在一个新兴行业，如果你先人一步进入其中，那你就比其他人更了解这个行业，因为这个行业还没有专家，你进入得早，就懂得多；懂得多，你就是专家。

因此，对于 MBA 老师说的"新兴行业"，我把它定义为"近三年内出现的行业"。在一个刚出现不久的行业中前行，你的发展不仅是自己努力的结果，更有行业自身的巨大发展作为推动力，这个加成可不能小看。这也是我 2018 年开始做短视频的原因，现在已经过去了两年，以目前的趋势看，短视频行业仍然有很好的发展前景。

没有人想爬楼梯，大家都想搭电梯，"选对行业""选择新兴行业"就是搭"电梯"，搭上"电梯"才能放大你的努力。

思维落地：找到风口的两个方法

行业风口是很短暂的，所以，与风口一起时常被提到的一个词是红利。如何找到属于自己的行业风口，分到红利呢？在此与大家分享两个方法：

1."链接"别人

观察自己的朋友圈，看看有没有享受过风口红利的人。然后，找他们聊天，了解他们是如何找到风口，并把握住风口的。这时候，很多人会问：我的朋友圈中没有这样的人，怎么办？很简单，去结交。现在有个 App 叫"在行"，其中有很多享受过行业红利的专家，你可以付费约见他们。这最直接的方式。很多时候，只是一次短暂的约见，你就可以节约很多无意义的摸索时间。

2. 关注以下四个方面的变化

其实，大部分行业风口的出现都离不开环境、技术、政策、经济这四个方面的变化。疫情导致的环境变化带来了"口罩经济"，新能源技术的突破推动了电动汽车的发展，政策变化正在指向5G 基础建设，资本动向孵化了大批国货品牌。

平时可以多看看《新闻联播》，以及行业报告，多留意这四个方面的变化。

如果你错过了风口，也不要难过，因为下一个风口已经在来的路上了。相信能够分到风口红利，并长久发展的人，一定是那些看清风口，且为之努力的人。

跨界思维：人人都需要跨界力

I

前一段时间，开项目会时，我让大家总结自己近期的工作，再提出各自的需求。组里的一个人站起来说："吕老师，我觉得你提的要求太高了。不增加预算，不增加人手，根本不可能完成任务！"

看着他着急又据理力争的样子，我突然想起一年前的自己，那时我也是这样和领导据理力争的。虽然我被迫答应了领导提出的要求，但还是在心里骂领导。

那时，我在国内的一家比较知名的互联网公司工作，其中有一项业务是视频审核。当时，我们的外包团队有1000个人，每天审核10万条视频。

也就是说，1000个人每天给10万条视频打标签。比如，给搞笑视频打上"搞笑"的标签，给游戏视频打上"游戏"标签。打完大类的标签之后，还有二级分类标签、三级分类标签、四级分类标签等等。

当时，领导对我说："一天审核10万条视频，任务量太少了，现在要一天处理50万条视频，但是不增加预算。"原本我的工作量就已经饱和了，根本应付不过来。我说："我解决不了这个事。"
结果，领导说："解决不了事情，就解决你。"

2

我只好硬着头皮干。那段时间我特别生气，觉得领导简直是
明目张胆地压榨我们。有一天，我加班到 11 点，打车回家时，
我低着头坐在后座上，结果被司机看出来我心情不好。他问我：
"小伙子，你为啥忧心忡忡的？"我不耐烦地回答说："我这事挺
复杂的，你也解决不了。"结果，他竟然被我激怒了，说："我开
出租车 20 多年了，什么问题没听过！"

我心想：既然你这么自信，那我就给你说说我的问题。于是，
我跟他讲了领导提的要求和我的烦恼，他听了之后似懂非懂。过
了一会儿，他说："我给你讲个故事吧。我没做滴滴的师傅之前，
每天要跑 10 个小时，差不多能挣 600 块钱。做了滴滴的师傅以后，
我每天还是跑 10 个小时，但一天能挣 1000 多块钱。"

停顿了一下，他问："你知道为什么吗？"我翻了个白眼，继
续不耐烦地说："不知道，也不想知道。"结果，他还不乐意了，
强行让我听下去。他说："不行，我一定要跟你说。我每天行驶
的里程没有变，但是用了滴滴的 App 之后，效率提高了。"

当时，我只感觉自己的大脑灵光一闪，然后我就豁然开朗
了。原来是这个思路。

之前，每个负责审核视频的人都会收到一个分工表，这个表

格里可能有 20 多个视频分类需要他们打标签。听完出租车司机的话之后，我当即对分工表进行了改良。从那以后，每个人的分工表里都只有一个或几个他们擅长审核的视频类型。比如，有的人打游戏类标签特别准确，我就只给他分游戏内容的视频；有的人很擅长打情感类标签，我就只给他分情感类的视频。

这样，大家都在各自擅长的类型里进行审核，效率自然就提高了。于是，在没有增加特别多预算的情况下，我把这个问题解决了。

自从经历了这件事情，我就再也不敢小瞧任何一位出租车司机了，说不定什么时候他们又能给我提供解决问题的新思路。

没错，我们要学会用跨界思维去解决问题。

从此，每次我遇到问题，一定会找其他领域的人聊天，因为我在内容领域已经比较专业了，找同行业的其他人未必能得到自己想要的答案，而我去找跨界人士，或许我这里的大问题在他们那儿就是小菜一碟。

其实，不管是谁，只要在一个行业里待久了，思维就会有局限性，所以我们要多和不同行业的人聊天，他们思考问题的方式和思路跟我们是不一样的。**他们的一句无心之言，也许就能成为我们破局的关键。**

思维落地：培养你的跨界思维

前不久，一个做环保方面工作的朋友跟我说了一个"清洁理论"，一下解决了我一个做后台产品数据的朋友多年来的脏数据[①]的难题。就像美国的一句谚语所说，在手里拿着锤子的人看来，世界上的一切都像是钉子。在生活中，请不要只拿一把锤子。

"锤子"其实就是我们说的思维模型。

1. 掌握尽可能多的思维模型，你观察事物和看待世界的视角就会发生很大的变化。比如，你正在准备面试，一个常见的面试题是：你会如何解决 ×× 问题？这个时候，如果你知道企业制定战略的SWOT分析法[②]，你就能直接按照这个框架分点去分析，而不需要再去思考要分析哪些内容。

2. 认识几个拥有不同思维模型的朋友。遇到什么特别难搞定的事情时，就把他们拉过来和你开个"私董会"。

---

①指因重复录入、并发处理等不规范操作而产生的混乱、无效的数据，这些数据不仅没有价值，还会"污染"其他数据。
②基于内外部竞争环境和竞争条件的态势分析方法。S（strengths）是优势，W（weaknesses）是劣势，O（opportunities）是机会，T（threats）是威胁。

审"境"自立：
环境思维

▶▶

这个世界很"邪门"，你不会相信，当年最不合群的人，现在成了百万富翁。现在，我找到了属于自己的群体，在做我喜欢做的事情。

迷茫的时候，不要急于合群

1

最近我受邀做一次分享，我确定了一个主题：迷茫的时候，不要急于合群。在电脑上打出这个题目的时候，我感慨万千，仿佛一下回到了大一的时候。

"来来来！就差你了。"

"这次真不玩了，我有一个方案要做，下午就要给客户看……"

对方没回话，过了一会儿，阴阳怪气地说："您是班长，还是'大老板'，您可真忙！"

从那以后，大家好像都不理我了。

在这之前，为了合群，我不知道陪别人打了多少次自己不喜欢的游戏，也不知道用了多少个 20 分钟，走了多少次本来只需要 10 分钟的路。迟到了无数次，逃了很多课。

因为我怕孤单，怕一个人走在路上，形单影只。

2

我的一个朋友是学生会主席，学习、工作都十分出色。大三的时候，他总是一个人背着书包去自习室，看到学生会的小干事，还会主动打招呼。

时间久了，很多小干事都议论说："咱们主席是不是人缘不好？我老是看到他一个人去上自习、吃饭、上课。看着他的背影，感觉他好孤单。"

听到这些，他也只是笑笑，没有否认，也没有承认。也许当时我们学校只有极少部分"孤独"的人才懂他。

后来，他大四被保送研究生，而且被保送的学校是我们学校的学生基本保送无望的学校。

据说，面试的时候，老师十分尖锐地问他："你觉得自己和重点名校的学生相比，有什么优势？"他用十分流利的英语口语和丰硕的科研成果，令这位国内非常知名的研究生导师折服了。

再后来，听说他在如今的学校里结交了很多志同道合的朋友。

3

转眼就到了求职季，我在大学里认识的一个大四的师哥要离校了。他离开的前一天，我请他吃饭，我们在学校门口的一家大排档点了四个菜，一打啤酒。简单地寒暄之后，我就低着头喝酒，一杯、两杯、三杯……

刚喝完一瓶，师哥问我："怎么了？看起来垂头丧气的。"我硬挤出一点笑容，看着他说："没事。"

他看了我一会儿，举起杯子喝了一口啤酒，然后说："是失恋了，还是遇到什么烦心事了？跟我还有什么不能讲的。"

我拿起酒杯一饮而尽，说道："我想跨专业考研，学文学专业，需要花很长时间准备，但是舍友总拉着我打游戏，上次我没跟他们打，他们就生气了。"

师哥看着我，拿起酒杯又喝了一口酒，自嘲地说道："如果你因为害怕被他们孤立，就不坚持做自己的事情，那你四年后就会像我一样。

"考研、考公务员都失败了，便出去找工作。投了无数次简历，没几个回复的。好不容易有一家公司愿意录用我，但月薪只有 2000 块钱！

"你说讽刺吗？我读了四年大学，毕业后一个月才赚 2000块钱！"

也许是喝了酒的缘故，那天晚上师哥跟我聊了很多。

上大学以前，他也梦想在大学里变得与众不同。大一的时候，因为怕被室友孤立，他便跟着他们打游戏；大二的时候，玩手游；大三时，开始反思，但为了合群，还是一如既往地逃课、睡觉。

到了大四，为时已晚。大学四年就这样过去了，结果一无所成。

"其实，你可以试着跟他们不一样，试着不合群。"

4

后来，正好有一个机会，我把班长的职务辞了，然后每天拼命地工作，去接近自己的梦想。上课原本要花 10 分钟走到教室，为了节省时间，我便快走，5 分钟就能到教室。自己走的时候，有很多时间思考，再也不会感觉孤单了。

我顺理成章地得到了很多，上了报纸，上了电视，写出了阅读量"10 万 +"的文章，与别人合伙成立的公司拿到了投资。

你把一件事做得很好，从一个狭隘的圈子里脱离，进入另一个圈子。这个圈子里的人，甚至都不需要平时有交流，在你需要帮助的时候，他们往往都会帮你，因为他们和你有着共同的理想。

《你只是看起来很努力》一书中有这样一段话：

你以为你在合群，其实你在浪费自己的青春；你以为你交了朋友，当你毕业一无是处时，谁还会把你当朋友；你以为你大学四年不孤单，当你毕业没有工作，没有另一半时，你会更孤单。

有人说，孤单很痛苦，那谁又说过，实现自己的理想，不会痛苦？

这个世界很"邪门"，你不会相信，当年最不合群的人，现在成了百万富翁。

现在，我找到了属于自己的群体，在做我喜欢做的事情。

如果当初我选择合群，那么现在我身边的人又会是谁？我又会是什么景象？

有些路只能一个人走，在到达目的地之前，你只能孤身一人。正如叔本华所说，只有当一个人独处的时候，他才可以完全成为自己。谁要是不热爱独处，那他也就是不热爱自由，因为只有当一个人独处的时候，他才是自由的。

对我而言，合群应该是买一双尺码合适的鞋，而不是削足适履。

不要为了迎合某个群体，而放弃自己最想做的事情。有时候，合群是堕落的开始。

思维落地： 你最想成为什么样的人？

1. 打开朋友圈，看一看你最喜欢谁的朋友圈动态，并想一想你希望自己成为什么样的人。不需要在小事上浪费自己的时间。如果你喜欢打游戏，完全可以去靠近游戏比赛的团队。

2. 想一想，怎么做才能成为这样的人？

在北京工作的 100 种好处

I

某年的 6 月份，我外甥办升学宴。上高中的时候，我一直借宿在表姐家，所以尽管很忙，我还是抽空回了一趟家。和家人坐在一桌，看着当时缠着我一起打《冒险岛》的外甥长得比我还高，个头有一米八多，在酒桌上腼腆地接受大家的敬酒和祝福。

山东人讲究"四陪四客"①，一圈下来，敬酒加陪酒，我也不知道被灌了多少杯白酒。正当我有点醉意的时候，表姐走过来说："小白，你难得回来，吃好喝好了吗？你外甥虽然也还算争气，高考分数超过一本线 60 多分，加上之前自主招生考试时的加分，估计上本地的大学没什么问题，但是去北京的话，估计只能读一所普通的一本学校。我是想让他上'985 工程'院校，然后在山东省内考公务员，一直陪着我们。但他一心想学动漫，想去北京。

①山东省的酒席坐法。主陪一般是正对门口的位置，副陪是主陪正对面的位置，三陪是主陪右侧，主、副陪中间的位置，四陪则是三陪正对面的位置。主宾是主陪右手边第一个位置，二宾是主陪左手边第一个位置，三宾是副陪右手边第一个位置，四宾是副陪左手边第一个位置。

你在北京也工作得挺好,你怎么看呢?"

我嘴里嚼着四喜丸子,笑了一下,说:"姐,其实我在北京也就凑合过吧。不过,如果是我的话,我可能会选择去北京。"

我一边说着,一边想起四年前,也就是我去北京之前在济南创业的日子。

2

四年前,我还是山东省内一所"双非"大学①的大三学生,一个偶然的机会,我加入了一家做校园配送的创业公司。当时,我们刚刚拿到了互联网公司 500 万的天使投资,意气风发,在世贸广场一栋写字楼的顶层租了一个办公室。我们想要走出校园,走出山东,打造全国最大的校园网络配送平台。

当时我主要负责文案写作,那时候新媒体刚刚兴起,很多人都不知道这是什么,公众号也少。我自己总结了一个黄金开头和标题模板,屡试不爽,文章阅读量突破 1 万是轻轻松松的事情,还有两篇有"5 万 +"的阅读量,一篇有"10 万 +"的阅读量。老板对这个数据挺满意(他当时给我定的目标是每篇的阅读量达到 5000),还特地跟我说如果学业忙就不用坐班了,就在宿舍写稿就好。平时我们下了班,或者星期六、星期日的时候,会约着去吃烧烤、喝酒,去大明湖畔钓鱼、坐船,日子过得很舒服;而我也在这家公司慢慢升职,从实习生做到总监,最后成了合

①指非世界一流大学和一流学科建设高校,即非"双一流"高校。

伙人。

当时，我觉得自己那个"黄金三板斧"一般的标题和开头模板是业内一绝，再加上山东做新媒体的公司也不多，参加了几次和新媒体从业者的饭局后，我发现大家基本上都是用以前写新闻稿的方法写新媒体文章，我这个"黄金三板斧"还被齐鲁网的主编夸奖说新颖。

直到有一天，有一家北京的投资机构想要见我们，老板便派我去一趟北京。当时，我刚好看到朋友小 L 在朋友圈发了一条他们学校举办讲座的动态。老板说，我去北京见完投资人之后，可以在北京玩几天，公司报销吃住差旅费，并算作年假。刚好很久没见小 L 了，办完工作上的事情之后，我就去找小 L，和他一起在中国传媒大学的食堂吃了饭，下午在中传讲堂一起听一位新媒体"大咖"的讲座。

那是我第一次来北京听讲座，我在百度上搜索了一下那个分享者的信息，看到她的文章几乎每篇阅读量都达到"10 万 +"，还有几篇连评论、点赞都破万了，我感觉很不可思议。后来她开始讲了，全程两个小时，从时下最热门的电影讲起，又结合天涯、百度贴吧的热门帖，分析了新媒体文案火爆背后的三大因素。我一个"学渣"都被她制作精美的 PPT、循循善诱的发问和层出不穷的金句吸引了，连手机都没看一下。

讲座结束后，我扫了一眼旁边的小 L，他正用手机玩游戏，对着我来了一句："你小子口味变了，看上那个做分享的妹子了？全程目不转睛。"

我给了他一拳，说道："去你的！人家是有真才实学的，你看她那个选题的五大底层逻辑，通过天涯、百度贴吧热门帖寻找文案灵感的方法，不愧是你们学校请来的分享者，我在山东都没听过这样的讲座。你小子是听不懂，所以才玩游戏吧。"

小 L 瞪大了眼睛，说道："我听不懂？你逗我吧，小白！这种讲座我一学期听过不下 10 次，她这种所谓的'大咖'也就骗一下我们这些学生。明天国贸的共享际也有人做分享，分享者可是一个拥有 300 万粉丝的公众号主编。在北京，别的不多，就讲座多，一星期就有十几个，即使一天听一个，一星期也听不完。上次央视主持人还来我们这里做分享了。"

这下轮到我愣住了，在北京，一星期甚至一天的讲座比山东一年的讲座还多！我本来计划第二天去故宫玩，看了一下小 L 手机上那个分享嘉宾的介绍，心里就痒痒了。第二天，我直接去了国贸听讲座。当天有三场讲座，听完之后，我用笔记本电脑记下的笔记有一万多字。

回山东不久，我用听讲座学来的方法写了一篇文章，后来阅读量达到了 13 万。老板笑着跟我说："去北京度假以后，你更加文采飞扬了。"我看着被标记得花花绿绿的笔记笑了笑。那个星期五，我看到"实习僧"App 上有一个去北京的实习机会，我几乎没有犹豫，星期日连夜改好简历，附上代表作投递过去。经过了两轮电话面试，对方告诉我，要有一个月的实习试用期。我考虑了大约一个下午的时间，便在微信上向老板提出辞职。

老板急得当即就给我打来电话。"小白，你什么意思啊？是嫌我给的钱少吗？你一个月不来坐班都有一万多块钱，一万多块钱在济南算得上天价了，比你去北京实习月薪 3000 块钱，还得自己租房好太多了。你是对我有意见，还是对公司里的人有意见，或者想加钱，咱哥俩当面说！"我当时正在订车票，看着终点"北京"，我回复了一句："没有，哥，你对我很好。但是，我想去北京。"

"去北京有什么好，一个月 3000 块钱，你租房都难！北京还有雾霾，冬天又冷……"

我没有说话，脑子里想的都是之前在北京听讲座时的场景，我想起，那些演讲者脸上自信从容的微笑，那些我从来没有听过的方法，那些比我的文章的最高阅读量高得多的阅读数据，以及背后隐藏着的机会。

3

后来，我开始了北漂的生活。的确，我的实习工资不够付房租，我住过 25 块钱一晚的青年旅舍，每天坐地铁上下班要 4 个小时，好几次加班到深夜 2 点，有几次被老板骂到几乎要被辞退。

然而，我从不后悔来北京。

来北京两年之后，我原来工作的创业公司因为内部人员矛盾倒闭了，之前的同事都出去另外找工作了。9 月份的时候，我看到他们有考上公务员的，有去浪潮集团的，有考上南京大学研究生的。当时，浪潮集团几乎就是山东最大的互联网公司了，那个去浪潮集团的同事的朋友圈动态下有几十个点赞。

我在北京两年，曾经认识的朋友和同事拿到了很多知名公司的 offer（录取通知），包括腾讯、百度、阿里巴巴、字节跳动、京东，还有一些我叫不出名字的外资公司。我那个喜欢玩游戏，上课睡觉的同学小 L 发了一条朋友圈动态，说他收到了腾讯、百度的实习证明，以及阿里巴巴的 offer，没想到自己在腾讯和百度实习，却没有留在那里，最终还是和阿里巴巴有缘，要去杭州见"白娘子"了。而我，也侥幸进了一家知名的互联网公司。

在北京两年，我参加的讲座比过去 20 年参加的都多，我认识到的优秀的人是过去的 10 倍，我和自己最初写公众号文章时很崇拜的一位作家一起涮过火锅。

我想起自己求职面试时面试官问的问题：对你影响最大的一件事情是什么？我想，应该是我当初在中传讲堂听了那场讲座，然后决定来北京。

北京很冷，房价很高，工作很累，但是留在北京有 100 种好处。

在这里，可以实现梦想。

思维落地：如何判断一个地方是否适合你？

城市与人一样，也是有脾气的，你最好能选择去与自己脾气相投的城市发展。下面列出两个评估视角供你参考。

1. 城市优势

北京是中国的政治和文化中心，在北京，内容行业从业者的资源和人脉都比在其他地方好很多。我们在做选择的时候，最好能利用城市优势，这对于个人的发展一定有助力。

做金融的，就去上海；想投资的，别错过深圳；做电商的，哪怕很累，也别轻易离开杭州。

2. 城市氛围

除了工作方面的条件，也可以评估一下这座城市的生活节奏和文化底蕴。如果你有热切的渴望，北京确实是一块可以实现梦想的肥沃土地。毕竟在北京，即使你是一瓶"冰露"，也会被逼成"百岁山"。如果你喜欢浓厚的艺术气息，那你可以去上海。在那里，众多的艺术展会带给你很多不错的灵感。

一个人未来成就的大小并不取决于他现在的年龄、收入、学历，而取决于他内心真正的渴望。

住得离公司近有多重要?

I

刚来北京的时候，我和小胖两个人站在望京 SOHO 附近的地铁站口，一边望着前面林立的办公楼，充满对工作的期待，一边焦急地查找各大租房平台上的信息，想尽快租房。

望京附近的房价实在太高了，单间月租金平均都在 4000 元以上。我刚来北京时，之前创业做公众号赚的钱都给家里还债了，我看了一眼自如上的房价，便打开了"携程"App，咬咬牙，准备在望京西路附近订一个青年旅舍的床位对付一下，一个月 800 元。

我正打算问小胖是否和我一起住上下铺，这小子笑了笑，对我说，房租高果然是地理位置的原因。他把定位改成了燕郊，一个带独立卫生间、阳台，精装修的大单间一个月只要 2200 元，还可以押一付三。他炫耀地给我看手机上的图片。

"啧啧！小白，你看这个北欧风格的装修，这些原料都是大理石的，还有这个壁画。这个房间起码有 18 平方米，还没加小阳台和独立卫生间的面积。有 1.8 米的席梦思大床，我女朋友从天津过来的话，也能和我一起住，多好啊。还是 2016 年刚刚装修的，暖气、空调都是新的。"

我睁大眼睛看着他手机上的信息，那房子距离这里 60 多公里，而且只有一趟公交车可以搭乘，通勤需要一个半小时。我直接笑出声，说道："别逗我了，这房子好是好，但是离咱们上班的地方那么远，只有一趟公交车，还得上高速，百度地图上显示需要一个半小时，早高峰的时候不知道要多长时间。你租这个房子，还不如租天津的房子，坐高铁来回上下班呢。"

"所以说你小子就是穷怕了，不知道享受，房子住起来舒服最重要。在望京附近，花 2200 元只能租一个连暖气都没有的小隔断房①，你放着精装修的大床房不去住，住这个小隔断房？再说，咱们入职的这种互联网公司都是上午 10 点上班，早上一个半小时的车程，8 点起床也没问题。真是不知道享受！"

我笑了笑，说："那你决定了，咱哥俩就下星期一上班见，我去住我的青年旅舍了。"我拖着自己的行李坐一站地铁到望京地铁站，从 B 出口出站，再走 320 米到我住的地方，全程刚好 14 分钟。晚上 10 点半，我看到小胖发来的微信消息，是房子的照片，采光、空间方面确实都很好。看着小胖得意的表情，我环顾了一下四周吵闹的室友和被行李挤占了一大半空间的床位，心想：我是不是做错了选择？

---

①在一套住房内私自建隔断墙，私改房屋建筑结构，使房屋形成多个单间。

2

但是，第二天，我确定了自己的选择是对的。

第二天是我们入职的第一天，要去见老板。我特地早起洗了个澡，换上了自己觉得最体面的衬衫，到公司之后，又去洗手间整理了一下发型，比老板早到了 10 分钟。到了 10 点，小胖还没有动静，老板问我是不是和他住一起，知不知道他出了什么事。我摇摇头。等我和老板谈了快半个小时的时候，小胖顶着一个鸡窝头哆哆嗦嗦地进了办公室，老板一看还以为他生病了，问他怎么了。小胖这才吞吞吐吐地说，早上起太早，在公交车上坐过了站，又返回去，结果遇上堵车，7 点半从家里出发，10 点 20 分还堵在半路上。他不得已，下了公交车，打出租车过来的。

老板看着他累得满头大汗，微微皱了一下眉头，也没有说什么。当天下午有一个明星采访会，老板直接让之前负责活动的主编带我一起去采访。我下电梯的时候，看到小胖给我发了一条信息："小白，我女朋友特别喜欢这个摇滚乐团，你一会儿能不能帮我要一张签名专辑？我请你吃饭。"我突然感觉这一天小胖整个人都显得很颓废。

再后来的一个月，小胖每天都得在早上 6 点半就从他的席梦思大床上爬起来。晚上部门聚餐时，他一般都是走得最早的那个，因为他要赶 8 点半的末班车。那个月，他迟到了 4 次，被扣了800 元，而且因为睡眠不足，好几次开会时都被点名批评没精神，开小差。小胖本来是名校毕业的学生，进公司前，他写的爆款文章比我多得多，老板给他的基本工资也比我的高，结果由于他精神状态一直不好，有一次我和 HR 一起吃饭，HR 甚至直接对我说不知道小胖是怎么进的公司，现在老板已经在考虑年后要不要换掉他。

那个月月底，小胖给我打了一通语音电话。他问我住的那家青年旅舍还有没有床位。他上个月被扣的考勤工资和为了赶时间而打车的费用，以及这个月的房租，加起来都快 4000 元了。而我每天上下班只需要乘 15 分钟地铁，早上 9 点 15 分出门都能成为最早到公司的人。他在电话里说自己受不了了，房子大有什么用，离公司远，每天回家都 11 点了，而早上 6 点半就得出门，在公交车上的时间都比在那个房子里的时间久。

3

再后来的一个月，小胖放弃了一个月的押金，搬到了我住的青年旅舍。那个月，他成了每天最早到公司的人，每天加班到很晚，回青年旅舍之后，洗个澡就睡觉。

小胖座位对面的美编说以为小胖去做了什么手术呢，整个人的气质完全不一样了。月底考核时，小胖做的一个盲测实验的活动火了，视频的观看量达到近 1000 万，老板奖励了他 20,000 元。3 个月后，我们一起搬出了青年旅舍，在公司附近的住宅小区合租了一套两室一厅的房子。小胖略带酸意地对我说："看来，在北京还真得听你的，住得离公司近，每天走路上班的感觉太好了。"

近水楼台先得月，向阳花木早逢春。在北京，住得离公司近，

远比住的房子面积大，住得舒服更重要。

思维落地：请住在公司附近

我见过很多刚毕业的人，觉得房租是非必要开支，为了省钱，把房子租到离公司很远的地方，每天通勤的时间甚至可能超过 3 个小时。一开始还能坚持住，但时间久了，就发现自己没有娱乐时间，更别说自我提升的时间了。

1. 建立这样的认知：租房，请租在公司附近。把钱花在租房上，其实是用最便宜的价格买来了最值钱的东西——提升你的个人价值。年轻时，把钱花在提升个人价值上，你之前多付出的房租很快会被你增长的工资补上，不用太担心。

2. 你可以用节省下来的时间发展个人爱好，比如健身、阅读。你也能有更充分的时间来应对工作。

想象一下住在公司附近的那种轻松姿态，开始着手准备吧。

"职场"向上：
产品思维

▶▶ 　　人生其实就是一个产品，确定了自己的目标，剩下的就是将自己的职业路径产品化，抓住每一个机会丰富自己的阅历，为未来的求职之路打好基础。

人生就是产品：给自己写一份产品简介

1

前一段时间，我在新书签售活动上遇到了很多大三、大四的学生，在跟他们交流的过程中，他们问我最多的问题是：毕业后该找什么工作。

我告诉他们，如果想在短时间内就取得成绩，就尽量去近三年新兴的且自己也有兴趣的行业工作。结果，他们又提出一个让我吃惊的问题：如何才能知道自己喜欢什么，擅长什么呢？

看着他们迷茫的眼神，我想起了刚上大学的自己。

2

大一的时候，家里遭遇变故，恋爱受挫，我的人生陷入低谷。

我阴差阳错地参加艺考，考取了航空乘务专业，入学后却发现自己根本不喜欢这个行业。当时，我就陷入了迷茫：未来，我到底该做什么呢？

我开始尝试很多事情，去发传单，做家教……可试来试去，都觉得不是自己想要做的。

偶然有一天，我在胡乱浏览网页的时候，看到一个线上活动：给 5 年后的自己写一封信。这个活动一下子让我陷入了思考：5 年后，我会成为一个什么样的人呢？如果我现在就给自己定一个目标，那么我 5 年后的样子是不是会更清晰一些？我想，可以先给大学毕业后的自己写一份简历。

我很想靠自己的双手赚很多钱，所以我给自己定的第一个目标是：毕业后，月薪破万。

但我还是不知道自己喜欢做什么，擅长做什么。我开始回想自己在不到 20 年的人生中得到过什么夸奖。我去问周围的朋友我到底有哪些优点。想了 3 天，最后我终于想起小学三年级的时候，老师夸过我"你的作文写得真好"。

我陷入迷茫的那段时间正好是自媒体兴起的时候，微信公众号作为一种新兴事物展现了无限的发展潜力。我看到了自己的奋斗目标。

一份简历的框架慢慢展现在我眼前。虽然还没有实践，可我已经知道自己要往哪里走了。

这也是我在大学还没毕业的时候，就有 4 段足够具有说服力的实习经历的原因。我不仅有拿得出手的项目，有阅读量"10 万 +"的爆款文章，还拿到了通往新媒体行业的钥匙——我获得了当时行业内排名第一的新媒体公司的实习 offer。

所以，自己喜欢什么，应该做什么工作，这些问题不应该在快毕业的时候才思考，而应该在你踏入大学的时候——进入社会前的准备阶段——就想清楚。

一个人一生中最重要的是要知道自己想成为什么样的人，知

道自己要去哪里，之后的每一步都往那个方向前进。

所以，要想解决这个问题，从为毕业后的自己写一份简历开始吧。

思维落地：请给自己写一份简历

很多时候，我们迷茫是因为不知道自己要去哪里。

人生其实就是一个产品，确定了自己的目标，剩下的就是将自己的职业路径产品化，抓住每一个机会丰富自己的阅历，为未来的求职之路打好基础。

1. 重新回想一下自己写下的目标，看看是否有所增减。不管能否达成，先写下自己的目标吧。

2. 针对你写下的目标，复盘自己过去所做的事情。

3. 把你做过的项目和参与的实习、志愿活动，无论大小，只要你觉得有成就感，就全部写下来。注意标注结果（以数据为支撑）。

4. 基于这些内容，从各大招聘网站上找到与自己的目标相匹配的岗位，开始撰写简历。

HR 最喜欢这样的简历

I

公司刚拿到投资时，还没有招聘到合适的 HR，再加上公司里没有很熟悉面试流程的人，实在没办法，我只能硬着头皮上了。

也许是感受到了公司对我的器重，再加上对招聘行业的无比敬畏，我读了《世界 500 强人力资源总监管理日志》等堪称人力资源入门必读的 10 本书。

但等到我收简历的时候，我才发现，书都白看了！我收到的简历五花八门，什么样的都有。

下面我就从 HR 的角度来告诉你，为什么你的简历没人理。

1. 简历标题

看了几千份简历以后，我才明白简历的标题有多么重要。

有一天，在我看到第 100 多份简历，已经筋疲力尽的时候，我看到了一封标题为"不选我，你会后悔的——来自 ×× 的简历"的邮件。

我直接把这封邮件删除了，甚至还想把这个人拉过来，然后左勾拳右勾拳，把他打到天上去。

还有一些五花八门的简历标题，比如"一份超级棒的简历在向你招手"。我的内心想法是：招什么手，一边去！

再比如："我很好看，快点进来！"我的内心想法是：我们公司招的是新媒体运营专员，不是"花瓶"！（但这封邮件我还是点进去看了一眼，结果这居然是一个男生的简历。）

再比如："一个老司机的简历"。我的内心想法是：救救我吧！我们公司招聘的是新媒体运营专员，不需要司机啊！

正确的命名方式

姓名＋应聘职位＋性别＋工作时间（也可以写业绩）。

比如：张三＋新媒体运营专员＋男＋3篇阅读量"10万＋"文章，张丽莉＋行政＋女＋2年工作经验。

看到用这种方式命名的简历，不看内容我都会想让对方来面试。

可能有的人会问：为什么要这样命名呢？

关于性别

因为岗位不同，对男女的需求是不一样的，比如行政岗位，我们一般会招女性。而一些需要有较强的抗压能力，强度比较大，有时需要做一些体力劳动的工作，我们会更倾向选择男性。

关于工作时间／业绩

这样命名可以让 HR 知道你有没有相关经验，需不需要公司培训。还有可能公司正在做一个项目，非常需要有相关经验的人，所以不会选择应届毕业生，或者公司现在准备培养一批"心腹"，所以需要招聘几位刚毕业的学生进行培训。

2. 简历排版

大家都是视觉动物，一份好看又简洁的简历一定会让很多人记住你。你可以直接去网上下载简历模板。给大家推荐一个网站——微软的 OfficePLUS，里面的简历模板都很专业，并且免费。

3. 简历页数

以前看简历的时候，我看到一位同学洋洋洒洒地写了万余字，从小学当大队长到大学当班长，能写的经历都写了。我看了一眼，心想还是算了吧。我想他一定不知道什么叫简历。

为此，我贴心地为大家在百度上查了一下"简历"的含义：

简历（英语叫作 resume），顾名思义，就是对个人学历、经历、特长、爱好及其他有关情况所作的简明扼要的书面介绍。简历是有针对性的自我介绍的一种**规范化**、**逻辑化**的书面表达。对应聘者来说，简历是求职的"敲门砖"。

温习完知识点，要记住这句话：超过两页的简历真的没人看，真的没人看，真的没人看！

HR 的时间太宝贵了，不会因为你而浪费时间，你以为你是公司的老总吗？

4. 关于错别字的问题

之前招聘总裁助理的时候，我看到一个女生的简历，觉得她各方面都不错，之前是学生会的办公室主任。但是，当我看到"在学生会担任办公室主任期间，出土了《学生会管理条例》……"的语句时，我便决定不录用这个女生，因为总裁助理这个岗位需要非常细心的人来担任。（出土？我们是互联网公司，不是考古队！）

5. 一定要发 PDF① 格式的文件

我们看邮件一般都不会下载下来，只会用邮箱的在线预览功能来看。Word 格式的文件，打开之后版式基本都是乱的，图片和文字"水乳交融"，看起来十分不适。

为了节省 HR 的时间，也为了你能如愿参加面试，跟我一起念三遍：我要发 PDF 格式的文件，我要发 PDF 格式的文件，我要发 PDF 格式的文件。

6. 一定不要"海投"简历

不要广撒网，因为这样基本上捕不到鱼。你的简历是不是针对这家公司写的，HR 很容易就能看出来。也有很多简历，一看就是那种万能简历，没有任何侧重点。

一定要做到一家公司一份简历，简历的大纲可以不变，但要

---

①Portable Document Format的简称，意为"可携带文档格式"。

根据公司的实际情况来修改细节。

7. 简历的内容怎么写？

其实，写简历的内容就是在做一道论述题：为什么公司非要录取我，而不录取别人？

答题模板：

先在"卷子"上写下自己的基本信息，包括姓名、联系方式、学校、专业等。

现在开始证明"我是你需要的人"。（你遇到的问题统统都可以交给我，而且我还能做好！）

证明你上面说的都是真的。（看图，看数据，看作品，我不是在吹牛！）

以上内容说白了就是三点：

第一点，我是谁。

第二点，为什么你一定要录用我。

第三点，以上所说都是真的。

8. "我是谁"应该包含的信息

姓名：假如你的姓名中有生僻字或者十分难念的字，可以在后面加上读音。千万不要高估看简历的人的语文水平，我个人感觉加上读音会提高你的印象分。

手机号：我以前看简历时，看到好几份还不错的简历，但我想不明白他们为什么不在简历上留下手机号。这样的人，即使简历再好，经验再匹配，我都不会选择。

出生日期：现在很多新兴行业的企业都喜欢招聘"90后"，特别是"95后"，因为"95后"更了解自己的同龄人喜欢什么。所以，有时候，出生日期甚至能决定你能不能被录取。

学校+专业：你的学校和专业需要体现出来，如果成绩好，可以写下学分、绩点。

邮箱：用你确保可以第一时间收到并回复的邮箱。邮箱一定不能写错！

向企业证明：我就是你要的人！

几乎所有HR在第一遍筛选简历的时候就是找关键词，看你的简历里有没有他们想要的关键词，如果没有，就淘汰。那么，如何找到企业需要的关键词呢？又如何写出企业想要的简历呢？

①回顾自己做过的所有事情。把你在大学里做过的，你能想到的事情全写出来。比如做过班级班长、社团社长、学生会部长……把参加过的比赛和取得的成绩也写出来。还有考过多少资格证，以及成绩绩点等。

②对你想应聘的岗位进行分析，提炼出3~5个关键词。你可以试着提炼下面的岗位需求描述的关键词。

吃苦耐劳，对新媒体感兴趣，希望在新媒体发展浪潮中有一番作为。

脑洞特别大，喜欢浏览微博、知乎，关注着10个以上的公众号。

有驾驭文字的能力，写的"段子"能让人有点赞的欲望。

对热点信息十分敏感，热点信息出现后，能迅速分析并写出一篇推送文章。

内心强大，冷静理性。拒绝"玻璃心"，既经得起赞美，也忍得了诋毁。

熟练操作电脑，熟练操作 Word、Excel、PPT 等办公软件。

③企业所需要的 5 个关键词，提炼如下：

能写文章。

会写文章。（写的文章传播量很大，有很多人看）

能快速追热点。（有没有写过什么热点分析文章）

能吃苦，不"玻璃心"。

会用电脑。

④根据企业需求，结合自己的经历写出关键词，比如以下这个例子：

个人经历关键词：曾写过一篇英语四六级考试"蒙题"技巧，有 10 万阅读量；有过大公司的工作经验，还担任过文学社社长……

⑤用数据把关键词量化，并与岗位要求匹配。（一定要量化，把你的结果和成就写出来。记住，大家不关心你参与过什么事情，只在乎你在这件事情里取得了什么成绩。）

大学期间曾获得山东省征文比赛一等奖。

大学期间担任文学社社长，主编《枫雪》杂志，审稿、改稿上百篇。

曾就职于国内前三名的微信公众号公司。

写出过 4 篇阅读量达到"10 万 +"的文章，最多的一篇有 3 万多人转发。

写过一篇英语四六级考试攻略，全网阅读量达 500 万，获赞 50 万。

写过《××××》文章，被百度、今日头条、微博等 35 个平台推荐。

获得计算机二级证书。

写的文章获得过省级以上的奖项。

反例：

熟悉并参与微信公众号改版、认证、内容策划、互推活动。

熟悉百度贴吧、论坛、知乎、豆瓣等社区。

×× 大学学生会副主席。

能熟练操作 Word、Photoshop[①]等软件。

反例完全就是把招聘信息再写一遍，如同记流水账一般。大家一定要注意，千万别记流水账！重点是要写清楚自己的工作

---

①美国Adobe公司旗下的图像处理软件。

成果。

修改版：

贴吧：加入了魔兽吧、李毅吧、爱情故事吧等多个贴吧，贴吧等级12级。曾经写过一个故事，有××人跟帖、回复，并被官方加精。

知乎：在知乎有500个粉丝，其中回答的××问题得到了1000+的赞同。

豆瓣：喜欢在豆瓣发影评，其中一篇吐槽《长城》的影评被选入"豆瓣精选"。十分熟悉豆瓣的电影板块、书单板块，能在这些板块中迅速找到自己需要的信息。

担任××大学学生会副主席期间，曾经为举办一个省级活动熬夜两天，赶出策划案，布置场地，抗压能力极强。

实习期间，全程参与一个歌手比赛的项目，与51家公司进行洽谈，最终确认合作的有12家公司，潜在合作对象有7家公司，拉到超过30万元的赞助费，吸引了5000多人参与。

自我评价（反例）：

在生活中，我性格开朗，思维活跃，拥有年轻人的蓬勃朝气。

在工作中，我做事有责任心，十分努力，集体意识强。

希望您给我这个机会，我有充足的信心胜任工作，谢谢！

自我评价其实就是对简历前面的内容的总结。从上面这段自我评价中，我们能看出你的性格有多开朗，思维有多活跃吗？你所谓的"年轻人的蓬勃朝气"是什么意思？十分努力是有多努力？

自我评价不是让你吹牛，这些话太"假大空"，基本上人人都会写。

你需要做的是回答一个问题：我能满足企业的什么需求？

善于归纳总结：入职之后，我可以定期总结一些热门的微信公众号，分析它们热门的原因或规律。

抗压能力强：能应对可能会存在的高强度加班，只要公司有需要。

学习能力强：能迅速学习公司的规章制度和业务方法。

最后祝大家都能去自己想去的公司，找到自己想做的工作。

思维落地：修改简历

按照这一小节所讲的方法，修改你之前写好的简历。

怎么在群面^①中脱颖而出？

I

为什么要写这篇文章？

之前，我们公司招聘，在无领导小组讨论环节，好几个同学你来我往，互相争论。在他们身边，我们闻到了浓重的火药味，感觉他们马上就要开始掀桌子对骂了。

要不是北京天气太干，给他们倒的水很快就被喝完了，估计他们会拿起桌子上的水……

写到这里，我觉得我必须要为大家做一些事情了。接下来我就为大家提供一些切实可行的、有用的无领导小组讨论的"干货"。

误区 1：

面试现场像辩论赛，大家唇枪舌剑，都想着打败对方，找到对方的漏洞使劲攻击，有一种"请对方辩手不要坐下，我的问题还没问完"的感觉。

①小组面试，即采用情景模拟的方式对应聘者进行集体面试。

点评：面试不是辩论赛，你们不是对手，在你打败对方的一刹那，面试官也在心里放弃了你。

误区2：

"死猪不怕开水烫"，无领导小组讨论的时候，不同意别人的观点，但就是说不出为什么；虽然说不出为什么，也不赞同对方。

点评：你所表现出来的"你不喜欢我，却干不掉我"的样子不仅影响了你的对手，也影响了所有人。

误区3：

喜欢抢话，别人说话的时候，恨不得帮别人说完。但是轮到自己的时候，3分钟说不出一句完整的话。还有一种人，30分钟从头说到尾，废话连篇，毫无重点。

点评：在无领导小组讨论中脱颖而出的关键不在于话多，而在于你说的每句话都有得分点。

误区4：

最不讨喜的就是那种装模作样的人。为了显示自己水平高，引用各种理论，动不动就提SWOT分析法、马斯洛需求层次理论，但大部分情况下驴唇不对马嘴。

点评：想要表现得"高大上"是没问题的，但不要过度，刹不住车就容易出事。

以上误区中的人基本上都对群面不了解，下面我就带大家来一步步了解群面。（附得分点）

2

为什么要群面？

群面也可以叫作无领导小组讨论，指由一组应试者组成一个临时工作小组，对给出的问题进行讨论，并做出决策。由于这个小组是临时拼凑的，所以并不指定谁是负责人，目的就在于考察应试者的表现，尤其是看谁会从中脱颖而出，但并不一定要成为领导者。

用一句话概括，就是把一群简历看着不错的人聚集过来，让他们比一比。不是比谁最优秀，而是看谁更适合招聘的岗位。

群面考察的是什么？

群面主要考察应试者的组织能力、表达能力、逻辑思维能力、亲和力、时间管理和规划能力等等，也就是软实力，听起来比技术方面简单，但是说实话，你在群面中所遇到的情况基本与你预想的不一样。

用一句话概括，就是根据你在群面中的言行举止来推测你具备哪方面的能力，如果你表现出来的能力符合公司的岗位要求，就会录用你。

一个岗位需要什么样的人，我们提前会做好"人员画像"，通常称为"胜任力模型"或者"能力模型"。

举一个例子：我们要招聘一名销售。

在组织群面之前，我们会想，公司招的人应该是这样的：

小张，20多岁，说话很有逻辑，擅长分条罗列；很有激情，做电话销售时，多次被客户挂断电话，但仍不气馁；能在一分钟之内把我们的产品给客户介绍明白；长相和善，喜欢笑，语言很有亲和力，很容易卖出课程。

1.逻辑思维能力很强，能有条理地分点介绍我们的产品。（得分点20%）

说话的时候，喜欢说"我认为有以下几点……"，然后分条阐述。

2.表达能力较强，能很好地表达自己的想法。（得分点20%）

说话简短，不啰唆，让人一听就明白。

3.有亲和力，给人感觉"人畜无害"①，这样才能卖出去东西。（得分点20%）

长相和善，喜欢笑。

4.抗压能力很强，多次被拒绝后还能继续坚持。（得分点20%）

被质疑后，仍能坚持自己的观点。

5.擅长总结概括，能很快地总结出一条规律。（得分点20%）

总结归纳能力强。

怎么才能脱颖而出？哪些点会加分？

①网络语言，指人天真善良，对任何人都没有伤害。

群面里的四个角色

Leader（领导者）：

Leader 可能是群面里最具领导能力的人。你需要用自己的魅力 / 颜值 / 逻辑 / 声音以及不经意间透露出来的之前非常优秀的经历来全方位地"唬住"面试官，让他们感觉你最优秀。然后带领团队确定议题的框架，以及往什么方向讨论，怎么分配时间。等到大家跑题的时候，把话题"拽"回来。

你还需要控制进度，每过一段时间就总结一下大家讨论出来的结论。

这是最容易获得加分的一个角色，也是最容易出问题的角色。如果你不是那块料，千万别尝试！

Timer（计时者）：

Timer 给人的感觉就是：今天我带表来了，让我来计时吧！讨论的时候要注意时间分配，当某一个环节用时过多时，你要告诉其他人，时间不多了，要抓紧讨论。不推荐记性不好的人担当这个角色，因为在讨论过程中，他自己可能就忘记时间了。

Coordinator（协调者）：

Coordinator 给人一种"和稀泥"的感觉，假如甲和乙观点不同，互相对立，甚至马上就要打起来了，coordinator 就站出来说：我感觉你们说得都有道理，不如就把你们两人的观点综合一下，然后提出一个方案来吧。

Summarizer（总结者）：

最后做总结陈述的人需要持续记录大家的观点，梳理小组讨论的结果。要口齿伶俐，表达能力强。如果你总结能力强的话，可以尝试这个角色。

一般来说，面试攻略里都会说要去抢 leader，抢不到 leader，最起码也抢个 timer。我见过很多抢 leader 的人最后带着团队跑偏，成为第一个出局的人；timer 忘了控制时间或者不敢打断大家的讨论，也早早出局。我也见过很多没有头衔的"群众"，最后一样被录取。所以，我想告诉大家的是，适合自己的才是最好的。

有的人天生就是领袖，有的人更适合在团队中协调关系，有的人逻辑思维很强，也很善于总结。这都是你过去的生活经历赋予你的能力，不要想着一次性颠覆。

得分点

以上总结了那么多，重点在这里：我们如何使自己在不经意间展现出的行为变成得分点呢？

以小王为例：

在日常生活中，小王是一个内向、不善于表达的人，但他做事比较踏实细心。

显而易见，小王适合做 timer 的角色，那种表达能力很强，随机应变能力很强的 leader 角色肯定不适合他。所以，小王在参加面试之前就要熟悉 timer 的工作。

有一次，小王参加了一次无领导小组讨论，一共 7 个人，限时 30 分钟。

这次无领导小组讨论有讨论和表达两个环节。于是，大家都在抢"角色"。轮到小王时，他说，我认为我们的 30 分钟可以这样规划：

1. 前 10 分钟：大家看完议题，每人思考 3 分钟，3 分钟后，每人陈述 1 分钟。

2. 第 2 个 10 分钟：用 5 分钟确定议题，用 5 分钟归纳结论。

3. 第 3 个 10 分钟：前 5 分钟，陈述的人模拟陈述；后 5 分钟，大家提出问题。

大家注意，这都是得分点！

这段提前准备好的话，让逻辑思维不是很强，表达能力也不是很强的小王脱颖而出。

首先是逻辑思维能力，列出条目——1、2、3。然后是时间规划能力，他把 30 分钟规划得很好。最后是组织能力，能合理地组织讨论结构。

接着，大家开始讨论。为了表现自己，不管对不对，大家都踊跃发言。小王不能很快地组织出有逻辑的语言，一直当着 HR 的面，若有所思地看表。（注意：这是得分点！有时间意识不是说出来的，而是用行动表现出来的，明白了吗？）

正当大家激烈讨论的时候，小王站出来打断，告诉大家时间到了，应该停一下，然后总结大家刚才讨论的要点。（如果讨论的时候插不上嘴，你就做总结！）

"刚才大家说了以下几点：

"1.……

"2.……

"3.……"（这又是得分点！）

大家讨论的时候，张三和李四因为观点不一样，对立起来，现场一度陷入僵持局面。这时候小王又站出来表示，你们说得都对，都很棒，可能综合在一起会更好，我们综合一下观点吧。（这又是得分点。）

最后选择陈述人的时候，小王又说话了，大家本来以为小王要抢一下总结者的角色，但是小王说："听了大家刚才的讨论，我认为刘小萌同学还不错，讲话有逻辑，声音还好听。"

这一点很了不起，小王看似在夸赞刘小萌，实则是借刘小萌之力。小王都能推荐优秀的刘小萌，大家在潜意识中是不是已经觉得小王比刘小萌更优秀了？

就这样，既内向，逻辑思维能力又不强的小王凭借自己的表现，成功成为全场最优秀的人。面试结束后，大家对小王心服口服，他既不争位置，也不抢话，最后还推荐别人，给别人表现的机会，这样的人去哪儿找？！

小王用自己的表现以及不过几百字的发言成功征服了面试官，也成功征服了我。

思维落地： 多做群面模拟

我认识一些不擅长做群面的小伙伴，他们看了很多方法论，也跑来向我请教，我都毫无保留地跟他们讲了自己的方法，但他们依旧不擅长做群面。

为什么呢？

其实，高手和普通选手之间有着很大的认知上的差距。对于你掌握的方法，你需要尽快创造机会实际运用一下。只有这样，你才能真正发现自己的短板。而且，在一次次群面模拟中，你可以克服自己对群面的恐惧，树立信心。

现在有很多免费的群面模拟群，大家可以去搜一搜，多参加模拟，实践一下。

向领导汇报工作，要懂得金字塔原理

I

《道德经》的伟大之处不仅在于它对我们人生的指导作用，还在于它所包含的智慧体现在我们日常生活中的很多具体、琐碎的事情里。

有一次，我让一个组员组织一场会议。半小时后，他跟我汇报说："小刘星期三下午有事，小李这两天出差了，王姐只有星期五才有时间，再加上这几天会议室的预约比较……"

上了一天班，我头昏脑涨，还没听完他的话，我就不耐烦地打断他，说道："说重点。"

结果他又换了一种说法把原话说了一遍。

五分钟下来，我还是不知道什么时候能开会。

本来想批评他，但开口之前，我突然停住了，我想起自己曾经也是这样的。

当时，我还在一个领导的带领下运营公众号。有一段时间，我做得挺好，文章的阅读量屡破纪录，被各大平台转载。我想着自己什么时候才能得到领导的关注，然后被他夸奖一番。结果没过多久，我就在电梯里遇到了老板，打完招呼后，他问我最近公众号的运营数据怎么样。

我很自信地说:"这星期我们的推送有'20万+'的阅读量了!"结果,老板面无表情地听我说完,点点头就走了。

他怎么没夸我?我想不通。我想,没道理啊,站在领导的角度,听到自己手里的公众号的推送阅读量这么高,难道不应该高兴吗?难道领导不知道这个数据意味着什么吗?

问出这个问题的一瞬间,我突然就懂了,其实领导只是不知道"20万+"的阅读量究竟意味着什么。我是天天接触数据的人,我知道数据是怎么变化的,是增长了还是下降了,增长率是多少,是怎么达到的。如果我不说出这些情况,领导又怎么知道数据的好坏呢?

2

于是,后来领导再让我汇报数据,我就把汇报的顺序调整了一下。

我这样说:本星期推送的阅读量达到"20万+",比上星期增加30%。能达到如此之快的增长,是因为我们做了三件事情,其中有两件是我们可以继续优化下去的。之后我也会继续尝试采用别的渠道和方法,保持数据的稳定增长。

我发现,当我调整了汇报的顺序后,领导听我汇报的时候会更认真,听完也能给我更有效、更相关的建议和鼓励。

从那之后,我就明白了,任何时候,向领导或其他人做汇报、讲事情,都要结论先行,以上统下,归类分组,逻辑递进。

由一个点发散出去，才能真正条理清晰地把事情说明白。

这也是我真正掌握职场上的重要技能的开始，我学会了为我的领导、听众节省时间，让他们在最短的时间内明白重点。而要做到这一点，最好的方法就是结论先行，用金字塔式的结构进行汇报。

回到本小节开始的话题上。当时，我控制住了批评组员的冲动，给他讲了我这个故事。

我对他说，以后汇报工作，要学会使用金字塔原理，先说结论，再说原因，最后再发散出去。这样，既能提高汇报的效率，又能让领导更容易明白。

你要学会帮领导节省时间。

思维落地：用金字塔原理提升沟通力

作为麦肯锡的工作法，金字塔原理为大家熟知。其实这个方法很简单，概括一下就是任何事情都可以归纳出一个中心论点，而这个中心论点可由 3~7 个论据支持。这些论据称为一级论据。一级论据本身也可以是一个论点，被 3~7 个二级论据支持。如此延伸，形成金字塔状；而每一层的论据要详细，且互相独立。

它的厉害之处在于：

1. 可以帮助你解决问题。自下而上，收集论据，归纳出要点。这个要点是金字塔的塔尖，也就是你针对这个问题得出的最终结论。这样的解决方式既全面，又客观。

2. 可以帮助你汇报成果。自上而下，陈述研究结果，先说塔尖的要点，再分点描述，同时加上论据。在这样的沟通里，没有废话，你还可以依据你的汇报时长调整汇报内容。如果你只有一分钟，那就先说大结果，再说小结果。如果还有时间，再对每个小结果进行说明。

3. 可以帮助你向上助力老板，向下管理员工。如果你是员工，汇报工作时，先说结论，再说小要点，同时结合数据和事实来说明，这样老板听起来最省力。如果你是老板，布置任务给下级时，可以按照不同的要点划分任务，一个星期之后，下级上交报告，你进行汇总，轻松又省力。

尝试将这个方法在日常工作中应用起来吧，让自己的每一次交流都言之有物。

升职宝典：做好 A+B

I

2019 年，我进入一家知名基金投资的 C+ 轮公司担任 VP，带领的团队有近 70 人。身份的"突变"给我带来了很多挑战，比如团队管理问题。

入职后第三个星期，我就面临着一个选择。运营主管因为身体原因离职，岗位空缺。当时有两个还不错的人选，我必须从中选一个。

阿海业务能力一般，但懂得团队合作；刘阳业务水平一流，但比较喜欢单打独斗。填写升职人员名单的时候，我选择了阿海。

原本我以为这件事就这么过去了，结果在一次团建时，刘阳带着醉意走过来给我敬酒，一边喝酒一边对我说："吕老师，其实我一直想问您，为什么您填写升职人员名单的时候选择了阿海？"

也许是喝酒的缘故，看着刘阳的样子，我仿佛看到了一年前的自己。那时，我和赵颖都在一家新媒体公司任职，同样的岗位，同样的工作，我和她的水平也不相上下。

几次偶然的机会，我预测出了热点，写出了好几篇百万阅读量的爆款文章，有的文章甚至被《人民日报》转载。获得这些成绩的时候，我感受到了巨大的鼓舞，内心也暗自欢喜，心想年末升职肯定没问题了。

结果，到了年末，我只被提拔为副主编，而赵颖则被提拔为主编。

当时我特别不理解，为什么我的业务能力一流，却没有得到应有的回报？

2

我因为这件事消沉了很久，后来做月度总结的时候，我发现我们的公众号的数据情况居然提升了一个档次，我便开始观察自己和赵颖的差距。不看不知道，一看吓一跳，原来同样的岗位、同样的工作，不同的人做竟然会有如此巨大的差别。

拿文案工作来说，我每天只是把文章写完就完事了，可赵颖不仅写好文章，还时刻与插画师、运营人员保持沟通，想方设法让文章获得最大的曝光率，而且还懂得如何处理文章推送后发生的一些紧急情况。

我与她差得太远了。

从那时起，我就明白了，我能把文章写好，不代表我也能把公众号运营好。

而成为管理者之后，转换了视角，我的这种感觉就更加强烈了。

领导喜欢的是省心的员工，把一件事交给他之后，他就能不

拖泥带水地去做，而且不需要领导过问就懂得及时汇报反馈，最后出色地完成任务。

3

我看着刘阳的眼睛，满怀歉意和诚意地告诉他，我理解他的感受，当年我也是这么过来的。

我当然认可刘阳的业绩和能力，可是，当我把一个项目交给他的时候，他只是完成了分内的工作，而阿海却把整个项目流程都跟了一遍。当他们来报告工作的时候，刘阳只能把自己做过的事情复述一遍，阿海却可以把整个流程中遇到的问题和优化方案都告诉我。这个时候，要让谁升职，答案一目了然。

职场晋升的秘诀就是这样：做好 A+B。A 是你的本职工作，你本应做好；B 是一些分外的工作，如果你想晋升，成为一个领导者，就要把这些分外的、领导者要做的事先做起来。因为做好这些分外的工作，是你晋升的阶梯。

思维落地：评估自己的工作

少部分人主宰着社会发展，一部分人维持着社会发展，还有一部分人只能在社会中随波逐流，最后结束自己平庸的一生。

如果看不清世界的本质，就没办法通过努力主宰自己的命运，只能碌碌无为，被社会推着走。

而很多时候，往上走，只需要我们多走一步。

　　我有一位朋友，当年她还在时尚杂志实习，做的工作只是给客户经理对接客户，处理报销事务。她发现报销工作特别烦琐，要在网站上填写很多表格，而且大家都不明白如何填写，往往需要花费很多时间。

　　她发现这项工作其实是可以优化的，所以利用下班时间写了一份填写手册，把每一步流程都标注出来。这不仅节省了他们项目组的时间，还节省了很多同事的时间。因为主动去做了一些分外的工作，她得到了留任的资格。

　　1. 请你重新评估一下自己手上的工作。

　　2. 对于 A 部分的工作（本职工作），思考如何提高效率，快速搞定。

　　3. 思考如何做好 B 部分的工作（分外工作），如何超过预期。

　　职场如战场，用心才能打好每一仗。

工作差异化思维：你有多努力，就有多特殊

I

我刚进现在这家公司两个月，就被手下团队的员工匿名举报了，理由是我在对待某男性职员离职问题上严重偏袒，公私不分。

事情的起因是我们公司的员工阿凯跟我说他要离职了。

我看到他的邮件的时候是晚上 11 点 5 分，我马上跟他通了 70 分钟电话，感觉他确实是因为家里遭遇了变故，得离开公司至少 4 个月。我没有给财务打电话，直接在工作微信群里，阿凯这 4 个月工位保留，可以不用来上班，只要每星期一接入线上会议向我汇报工作即可，工资照发。第二天，我就写了专门申请向老板汇报。

工作微信群里"死寂"了很久。第三天，老板喊我过去，问我阿凯离职的事情，还一脸不相信地跟我说，有人举报说我和阿凯以前就认识，所以我才对他特殊照顾。老板问我为何这么快就决定给阿凯破例，特殊照顾他。

我早就预料到了这个情况，所以去老板办公室之前，我把阿凯交给我的工作汇报抄送了一份给老板，也请助理打印了一份。半小时后，我说服了老板，老板说："以后如果有这种特殊人才，你从招聘到留用都可以先斩后奏。咱们公司就缺这种人。"

2

阿凯是 1998 年出生的，四川人。当时我们公司招运营团队，他说他在朋友的朋友圈里看到信息，便发来了简历。HR 将他的简历转发给我，本来我看他是学外贸专业的，还挺犹豫，但是面试的时候他向我承诺，一定会证明自己有多特别。我考虑了一下，决定让他试试。

他进公司两个月的时候，公司刚好在华中地区开了一家分公司，主要负责"小红书"App 的爆款文案打造。考虑到平台的调性，团队成员都是"95 后"，有 18 个女生，他是仅有的两个男生中的一个。

我当时还有点哭笑不得，一个男生去女生喜欢浏览的美妆博主平台的运营团队参与运营，也不知道他能不能搞定。但是，很快我就意识到这个男生真的很特别。

当时我们有一项"作业"，要求大家每个星期看一篇小红书的爆款文案，分析文案火爆的潜在原因，因为我一直觉得所有的创意都源于记忆的积累，看多了，自然就会写了。

刚开始的时候，我没告诉大家怎么分析，收到的"作业"五花八门，有几个女生甚至直接在微信上给我发了一段话，200 字左右。星期六深夜 1 点 47 分，我收到了阿凯的邮件，他做了 3 个 PPT，每个都有 40 多页。他把爆款文案的博主介绍、用户画像、内容品类、痛点分析、文章结构等都做了分析，每一个 PPT 的开头都有总结，并有自己的逻辑，最后还分析了我们的账号在小红书上的数据和平台转化率，提出了关注本地生活，以简约风为主的建议。

我第二天上午 10 点起来才看到他的邮件，还看到了他的微信留言："白哥，昨天太晚了，担心影响您休息，就没有打扰您，我已经把 PPT 做好发给您了。第一次做爆款文案分析还是不太熟悉，麻烦您看看有没有什么问题。我们可以电话沟通，或者您在 PPT 上备注。"

我仔细看了一下他做的 PPT，很多内容都是深度分析了几十篇爆款文案才总结出来的，其中有两条建议虽然只是宏观方向上的，但整体来看是经过思考而总结的，基本与我们平台未来的发展方向契合。

我在周会总结上把阿凯的 PPT 作为范例展示出来，但没说是谁做的，心里想着再观察一下这个小子是不是三分钟热度。

接下来的两个月，阿凯一次次向我证明了自己的特别之处。

团队成员中很多人都没学过 Photoshop，对抠图完全不擅长。星期日，阿凯又给我发了一个文件教程，他用截图加上示意箭头说明怎么打开美图秀秀，怎么调整图片，点击哪几个按钮抠图，清晰明了。我是一个"软件白痴"，照着他的教程操作了一下，14 分钟就搞定了一张图片的抠图，与 Photoshop 做出来的效果基本没什么区别。

有一次开会时，我顺嘴提了一句以后我们要有专门的竞品库。第二次开会之前，阿凯发私信告诉我，他自己已经搜集了 6 个竞品的资料，整理在公司工作文档中新建的子文件夹里，还草拟了一份工作进度和工作分工文件，如果我觉得没有问题，第二明天开会可以直接布置下去。

每次开会我问大家有没有什么问题、建议、反馈的时候，阿凯都是最积极发言的。他专门创建了一个文档，总结当月的数据，分析数据背后的问题，挖掘深层的问题，并提出短期内可以怎么做，长期可以怎么做，可能需要团队的哪些成员配合，需要哪些部门、哪些资源的支持。

他给我发邮件的时间经常是夜里 11 点、12 点、1 点，或者星期六、星期日。

3

与老板谈完话的那个星期一的周会上，我在线上会议上直接表态说，只要阿凯能像之前一样保证工作成果，不仅薪资照发、工位保留，团队年终奖也将拿到最多的一份。

我把他之前发给我的工作邮件抄送到公司群邮箱，把他做的每一个文件都打包上传到公司网盘，让大家自己看，然后加了一句话："如果你们当中有谁能够达到这种产出效率，或者做得更好，也可以申请在家办公，薪资照发。"

一阵沉默后，团队里的小娜回复了一句："谢谢白哥，我知道了。"那次周会的头脑风暴环节是我们讨论最激烈，也最久的一次。那个月，我们写出了阅读量最高的爆款文章。

在生活中，我们总能看到明星容光焕发地出现在电视上；公司高管坐飞机都坐头等舱，不用排队；海归教授享有国务院特殊津贴和专门体检服务……

我们只看到他们的特殊，却没有看到他们的努力。

明星从当练习生到成为当红明星，需要经过千百个日夜的练习；高管从实习生做到现在的位置，经过了几十个项目的历练，被数百个客户拒之门外；教授寒窗苦读十余载，从本科读到博士，经历数千次实验的失败换来最后的成功。

这个世界从来不会轻易偏爱某个人，你看到别人享受 VIP 般的待遇，背后却是超出常人的付出。

你有多努力，就有多特殊。

思维落地：随时随地"充电"学习

无论你现在是在上大学，还是已经进入职场，你都可以随时随地找到新的学习对象，来帮助自己成长。

比如，你所在的课题组每星期都要开周会，有的学姐或学长的汇报特别有条理、有逻辑，版面还设计得好看，你就可以向他们学习。

1. 找出自己最想弥补的短板。

2. 找到擅长这个领域工作的同事、朋友，然后去请教他们。

我认识很多非常优秀的人，他们都不是一下子变得优秀的，而是在日常生活中的每个环节提升自己的能力，而他们最擅长的一项就是随时随地"充电"学习。

做得多了，能力的短板补齐了，他们自然而然会变成被请教的对象。年轻的时候，多观察，多学习，未来你就会获得价值回报。

第四部分

锚定未来的四大策略

▼

快慢平衡：
生活可慢，思维要快

▶▶ 　　身处二三线城市的好处是，你的人力、物力成本会很便宜，但要记住，你的大脑要在一线城市。

二三线的身体，一线的大脑

I

我认识一位大哥，住在一个二三线城市，手下管理着大约100人，他在当地做短视频做得风生水起，一年能赚100多万元，日子过得很滋润。

有一天晚上，他找我聊天。他既自信又迷茫，开口对我说："我发现，其实在抖音做短视频赚取百万根本不是问题，只要解决了矩阵化运营的问题，就能达到千万到亿的级别。"

我看了看他自信的模样，非常冷静地说："不是不是，我给你泼点冷水。在抖音做短视频赚钱的时代已经过去了，你现在已经很难做出非常大的矩阵号。"

他说："我已经有4个粉丝量接近百万的大号，但我突然觉得自己走错了路。我运营这些大号，培养人是非常耗时间和精力的。我应该早点开始做30万、十几万粉丝量的小号，大号带小号，做矩阵化运营。所以，我想找你了解如何运营矩阵号。"

我确实知道如何运营矩阵号，但因为我比较了解他的业务，所以我非常认真地建议他说："想做矩阵化，现在就不要在抖音做了。你可以考虑视频号，绝对赚钱。

"为什么说现在在抖音做矩阵化运营已经不行了呢？不只抖音，还有快手，你会发现原有的矩阵号都已经被叫停了。而且，我认识的负责这些矩阵化运营的人都已经离职了。这件事在现阶段已经变得不明朗了。

"从平台的层面来说便可以理解，成熟的平台，比如抖音，不需要矩阵号来免费瓜分流量。早期的时候用户很少，平台自身还处在需要增加日活①的阶段，有人做矩阵化，还有人搬运，这与平台想要增加日活的目标是一致的。这时，做矩阵号是非常合适的。而现在，视频号就是这样一个刚起步的平台。"

2

大哥似乎没那么坚定了，接着问我说："我还有一个疑问。我看到一些素人②，粉丝基本上不超过 10 万，但直播时观看人数能达到 10 万。有些素人所在的公司也和我们谈过合作，希望我们可以把账号借给他们用。我挺纳闷的，我自己也有直播间，即使上热门，也只有一万多人观看，大部分时间稳定在 500~1000人。这是怎么回事呢？"

我想起一年前在广州见到我的徒弟，那时她就在平台方负责商家直播间数据投放的公司工作，同时与商家对接，解决问题。

如果直播间的粉丝量少，商家希望增加曝光量，那么在没有产出好内容的情况下，商家可以向平台购买流量，称为投放 Feed

---

① 日活跃用户数量。
② 指网络上的普通人，非网络红人。

流。我这位徒弟就负责把这项 Feed 流服务卖给商家。

前段时间，她找我聊天。她说："老大，现在做直播的商家都不怎么投放 Feed 流，一方面是因为我们确实卖得贵，另一方面是大家好像真的不懂得怎么投放。他们去上过很多课，结果还是不会投放。我要怎么卖 Feed 流呀？唉……"

我回复她说："既然这样，你为什么不去做教怎么投放 Feed 流的课程呢？"她恍然大悟，真的去做了，前一段时间还给我报喜，说通过这个方法赚到了钱。

所以，此刻我看着面前的大哥，心情很复杂，因为他的信息真的滞后了很多，入场太晚了。

我向他解释道："首先，他们的直播间有那么多人，是投放 Feed 流带来的。大部分人都不懂怎么投放 Feed 流，其实投产比很低。

"再者，因为平台已经进入成熟期，不会做亏本买卖，所以如果你的直播间没有特色，没有得到免费流量，购买付费流量的价格只会越来越高，非常不划算。"

他似乎还不死心，接着问道："我看头部主播的流量非常好，我很好奇他们是怎么做到的，是不是和平台有很硬的关系？"

我告诉他说："你要理解一件事，有能力才有流量，而不是说有关系才有流量。而这个能力包括三个方面：

"第一个方面是抓风口。在各个平台开始布局直播，投资方关注风口的时候，他们就成了第一批入场的选手。

"第二个方面是把握时代的红利。在 4G 技术非常成熟的现在，大家的消费水平提升，他们做直播，也是抓住了这个时代的红利。

"第三个方面是个人能力。和他们一起开始做直播的人很多，但是为什么只有他们真正做出来了？因为他们的个人能力强，因为他们坚持。所以，你现在去看他们的直播，从脚本到灯光，你可以说自己做到和他们一样了吗？

"因为拥有了这些能力，他们聚集了精通这些事情的非常优秀的一批人，所以他们就有了议价能力。所以，电商直播最后拼的都是议价能力。因为这是一个产业链，而不是一项只依靠主播的工作。从长期来讲，99%的主播都会'死'，因为他们没有议价能力，没有供应链，拿不到便宜的商品。

"但是，为什么这些头部的直播红人可以拿到呢？其实，这两者是相辅相成的，因为他们能力强，并且粉丝多，所以议价能力很强。通过议价，他们为粉丝拿到了便宜的商品，粉丝又会增加。"

他似懂非懂地点点头，接过话说："理解，但我很纳闷，双十一的时候，平台几乎所有的流量都被直播红人带走了，他们是不是和平台有什么合约呀？"

大哥虽然点头了，但还是没懂，我接着解释道："这其实是马太效应。达到头部的级别之后，所有资源都会向你敞开。像这种大的广告协议，一般人是拿不到的。你不要觉得第一名和第二名差的是1倍、10倍，其实差的是100倍。

"难的不是从100到200，而是从0到1。因为有人抓住了风口，拿到了时代红利，加上出色的个人能力，所以他们比一般人更快地完成了从0到1的升级，他们后续甚至不需要自己去争取流量，流量会来找他们。因为所有人都喜欢锦上添花，但很少有人愿意雪中送炭。"

这时候，大哥似乎有些沮丧，我拍了拍他的肩膀，说："其实，你对自己的认识很清晰，就是快速赚钱。认知清晰是很难得的一件事，哪怕有人不理解你想快速赚钱这件事。

"后面你需要看清一些问题的本质，这样可以帮助你快速赚钱。而看清本质的最快途径就是记住这句话：你可以有二三线的身体，但要有一线的大脑。

"现在你应该去发展更快的地方交流学习，比如北京、上海、广州、深圳，没事多去这些城市逛逛，否则很容易跟不上时代的变化。你问我关于矩阵号运营、Feed 流投放的问题，在广州，差不多一年前就已经有人在做了。想要快速赚钱，一定要跑得比别人快，提早入场。如果跑得比别人慢，你可以换个赛场，比如你现在可以考虑运营视频号。"

身处二三线城市的好处是，你的人力、物力成本会很便宜，但要记住，你的大脑要在一线城市。

思维落地：给大脑做一次升级

无论你现在在几线城市，如果只是闭门造车，就很容易看不清现在和未来的形势。我们一起来做一次大脑的升级吧。

1. 列出你的行业，比如互联网、新媒体、广告行业。

2. 找到行业里著名的峰会以及有一定影响力的专家，列出三个峰会或三位专家的名字。

    3. 选择离你最近的一场活动，直接报名参加。

    如果你不方便经常去一线城市，可以多关注线上课程、活动，与时俱进，保持大脑的活力。

小时候，哭笑都不打折

I

某天同事买了一排 AD 钙奶，看到她撕开包装，拿出吸管喝奶的时候，我想起自己上幼儿园的时候，会因为喝上了一排 AD 钙奶而开心很久。

现在年纪大了，开心的事却越来越少了，就越来越怀念以前。

10 岁：数学天才

小学四年级的时候是我学习成绩最好的时候，我在班内排第25 名。当时学完数学课本的一个章节以后，有一道附加题：有若干只鸡和兔子，它们共有 88 个头，244 只脚，问鸡和兔子各有多少只。

老师说，学习好的同学可以尝试做一下这道题，不强求大家都做。当时我就感觉老师在暗示我：你做，你赶紧做，你马上给我做。

那天，我中午没去吃饭，晚上也没吃饭，回到家里，做梦都梦见食物。后来算了一个星期，算了一整本 A4 规格的 50 页的本子，终于算出来了。

算出来那天，我们正上着语文课，语文老师在台上萎靡不振地讲，我同桌在台下昏昏欲睡。我大吼一声，把马上要睡着的同桌和上了年纪的语文老师都吓了一跳。

语文老师把我拎到讲台上，拿着小竹竿敲我的手。他打我，我笑着。

大家都以为我是傻子，被人打还笑。我说他们"白天不懂夜的黑"，他们根本就不懂数学带给我的乐趣。

2

14岁：校花杀手

初二那年，手机还不普及。

我特别欣赏学校的校花，有一天放学后，我和哥们儿一起走，正好遇见在门口等车的校花。

哥们儿跟我打赌说，你一定不敢要她的联系方式。我就受刺激了：不敢？我能不敢？我怎么会不敢？

两分钟后，我向校花走去。因为过度紧张，肌肉僵硬，走起路来都顺拐了。

走到校花身后，我还没想好怎么开口，哥们儿就喊了一句："刘梦琪，你后面的同学想要你的联系方式！"校花转过身来看着我，我的脸瞬间就红了。

"那个……你可以……给我吗？"

说完这句话，我的大脑一片空白。我立刻低下头，怕听见她拒绝我的话。

空气忽然变得安静，大概 20 秒之后，她很温柔地说了一串数字。我抬起头来问她："你能再说一遍吗？我刚才太激动，没记住……"

校花一下就笑了，她说我真可爱，然后就拿出带着兔耳朵的签字笔，在我手上写下了她的 QQ 号。

我很想快点加她为 QQ 好友，那天我骑着自行车连闯 4 个红灯，原本回家要花 10 分钟，结果我只用了 3 分钟。回到家，我打开电脑，让我引以为傲的 40 秒的开机时间就像一万年那么长。

开机，上网，找到桌面上那个"企鹅"图标，疯狂点击。登录之后，我一伸手，才发现她写在我手里的 QQ 号已经有一个数字看不清了。我打开添加好友的界面，把中间缺少的那个数字从 0 到 9 都试了一遍。

最后，我看到一个兔子耳朵的头像，又想到她拿的那支签字笔，直觉告诉我，这就是她。我点了添加好友的按钮，心里很忐忑。10 分钟后，电脑中传来咳嗽的声音，屏幕右下角有一个白色的小喇叭在闪烁，她通过了我的好友添加申请。

我问她：在吗？你是刘梦琪吗？

过了 1 分钟，她说：是。

我开心地在屋里跳了起来，然后就再也不敢多说一句话。

第二天，哥们儿问我和校花怎么样了，我得意地跟他炫耀了一番。

3

16 岁：iPhone[①]"土豪"

高一那年，iPhone 4 横空出世，成为"土豪"的象征。谁拥有了 iPhone 4，谁就是班里最有钱的人。

为了拥有这个"土豪"的象征，我求了我妈近两个月，最后以期末班级排名进步 40 多个名次和一个月不玩游戏为条件，争取到了我妈的同意。

买来手机那天，我把手机盒放在客厅的桌子上，蹲在地上，一点点撕掉塑料包装纸。

我拿出手机，笑容映在了屏幕上。

装上电话卡，开机，第一件事就是下载 QQ，然后赶紧发了一条空间动态：iPhone 4 也没有你们说的那样好啊！配图是 iPhone 4 的盒子。

当时，我每天要发 10 条空间动态，没事就跟朋友聊天，让他们看看我的 QQ 状态是 iPhone 在线。甚至从那之后，我就再也不用电脑登录 QQ 了，因为用电脑登录以后，就不显示 iPhone 在线了。

那段被 iPhone"覆盖"的岁月令我至今难以忘怀。

①苹果公司研发的智能手机。

4

18 岁：人在塔在

高三那年，《英雄联盟》游戏在国内非常火爆，我们班和另一个班比赛，约定输的班级要在学校的百度贴吧里开个帖子，说自己班里玩《英雄联盟》的都是傻子。

我们打比赛那天，一开始，双方势均力敌，人头和推的塔^①的数量都差不多。

到了 40 分钟的时候，双方还处于胶着状态。45 分钟的时候，我们队伍的 ADC^②去带线^③，被对面的刺客和打野^④盯上了，我赶紧过去拖住他们，ADC 跑了，我也"死"了。

对手看到我们这边已经有一个人"死"了，立刻开团，5 人打 4 人，直接把我们队"团灭"。

他们带着兵线推到了高地，有千军万马，而我一人在塔下。

我把鞋和所有的攻击装备全卖了，买了 5 个狂徒和 1 个反甲。^⑤我自己站在塔前，凭着 7000 的血槽，11.0 的回血速度，还是架不住他们 5 个人轮番轰炸。快"死"的时候，我在所有人的聊天框里大喊：人在塔在！

①推塔为游戏用语，指推毁对方的防御塔。
②游戏用语，指物理伤害输出类型的英雄。
③游戏用语，指把对方兵线清除，让己方兵线压制到对方那一边。
④游戏用语，指通过击杀野怪来在前期获得金钱和 BUFF 增益。
⑤狂徒和反甲都是《英雄联盟》里的游戏装备。

我"死"了的时候，4个队友都在水晶旁边复活，漫天的技能飞向对面，"团灭"了对方。

"Aced！"①浑厚的女声快要跳出耳机，大家一鼓作气推倒了水晶。

那天晚上，我们几个人去学校西门的烧烤摊庆祝，我兴奋地站起来大喊：

为了21班的荣誉，

我将带头冲锋！

愿意为您效劳！

德玛西亚万岁！

国王万岁！

邪恶祸殃！

人在塔在！

别怕，我来啦！

我可以成为一个热血的傻子，没头没脑地燃烧自己！那时候真的很开心。

①在《英雄联盟》中，"团灭"的时候就会有"Aced"的音效，意思是"被击溃"。

5

20 岁：年少有为

刚上大学的时候，我豪情万丈，想当一个像推特创始人伊万·威廉姆斯那样的传媒人。

大二那年，我和几个朋友一起开了一家传媒公司，拿着自己好不容易赚的 2 万块钱往里砸，做了 3 个月，团队前后花了差不多 20 万，终于做出规模了，公司的业务覆盖了全国 70 多所大学，微信公众号有了 80 多万粉丝。

紧接着，我们接了一些广告，公司慢慢有了盈利，我们从居民楼搬到济南最繁华的商业中心——世贸广场。

公司达到了一定规模后，CEO 就开始跟大家签股权合同。轮到我的时候，我说大家都这么熟了，用不着这些形式上的东西了吧。后来我们拿到了一家互联网金融企业的 500 万元的天使投资，签完投资意向合同那天，我傻眼了：本来应该给我的 10% 的股份变成了 3%。

我质问 CEO，他说我没有任何合同或者协议可以证明自己的股份是 10%。那时候，我从来没想到信任可以这么廉价。

一气之下，我回到自己的办公室。坐在座位上，我想起来之前 COO①在办公室说我太单纯，社会不像我想的那样简单，人与人之间只有永恒的利益关系。

①Chief Operating Officer的缩写，首席运营官，又称运营总监。

从那之后，我开始和 COO 站成一队，想拿回属于自己的部分。后来，我跟着 COO，不仅拿回了自己的部分，甚至还拿到了更多。但我当时还是不开心，因为我根本不满足，还想要更多，欲望变得越来越大。

那时候，我开始被欲望支配，变成了自己最讨厌的那种人。

6

21 岁：北漂失败

后来，公司因为派系斗争近乎倒闭，我一个人来到北京，开始了北漂生活。

看到自己觉得好看的电影，听到自己喜欢的歌曲，写出一篇满意的文章，吃到一次味道超出预期的外卖，我都会很开心，但这种开心转瞬即逝，再也不像以前那样持久。

那段时间，我一直在想，我是不是这一辈子都要划着一艘小船，在一片叫不开心的大海里找一座叫开心的岛屿。

随着时间的推移，身边人的期待、过来人的教导让我的欲望变得越来越大，要求也越来越高，我过得越来越不满足，开心这种情绪的沸点值变得越来越高。

我再也不会因为喝上一排 AD 钙奶，就开心一整个下午了。

我再也不会因为做出一道题，就激动得拍桌子向同桌炫耀了。

我再也不会因为我喜欢的女孩回了一条消息，就手舞足蹈了。

我再也不会因为用 iPhone 手机，就到处找人聊天，让对方知道我用的是 iPhone 手机了。

我再也不会因为赢了一场游戏，就笑得像个傻子，没头没脑地燃烧自己了。

有人说，这就是成长啊，这说明你成熟了，长大了，你可以做大事了。

难道我很想成熟？想长大？想每天都不开心？

后来，我看到了一段话：

我慢慢明白了为什么我不快乐，因为我总是期待一个结果。看一本书期待它让我变深刻，吃饭游泳期待它让我一斤斤瘦下来，发一条短信期待它被回复，对人好期待它回应也好，写一个故事说一个心情期待它被关注被安慰，参加一个活动期待换来充实丰富的经历。这些预设的期待如果实现了，长舒一口气。如果没有实现呢？自怨自艾。可是小时候也是同一个我，用一个下午的时间看蚂蚁搬家，等石头开花，小时候不期待结果，小时候哭笑都不打折。

思维落地： 让生活慢下来，收获快乐

如果一曲交响乐从头到尾都是一个节奏，听下来可能会心悸，所以乐曲讲究节奏和韵律，在快慢之间取得平衡，给大家带来美妙的享受。生活也可以加入节奏感。

哈佛大学教授李欧梵就是这么认为的，他说我们应该从一味求快的心理惯性中跳出来，让生活变得更有节奏感，也就是"有

快有慢"才好。比如,他每天会抽出一些时间,与自己对话,听自己的声音,这样可以让自己不随波逐流。同样,你也可以像我一样,记录下生活中微小的快乐。随着时间的推移,虽然快乐会越来越难以获得,但是时常回顾那些记录,你的心就能长久地保持柔软,从而拥有获得快乐的能力。

你还可以给自己营造舒适的氛围,在此给出几条建议供大家参考。

1. 找一个星期日,坐在僻静公园的长凳上。

2. 躺在星空下的吊床里。

3. 无目的地散步。

4. 点上熏香,洗澡。

5. 在阳光很好的日子里打开笔记本。

随时让自己快乐起来的能力,也就是保持天真的能力,会在大多数人身上一点点消失,你无法刻意留住它,也无法伪装。天真是一种与生俱来的能力,你很小的时候就拥有这种能力了。而现在,希望你找回这难能可贵的天真。

未来预演：
成长就是自我超越

▶▶ 如果非要选一个对手，就选自己最想成为的那个人，这样你才会费尽心思，拼尽全力，去成就那个未来的自己。

不要从别人身上找安全感

I

在一次新书签售会上，我一本一本地在书上认真签上自己的名字，还会写一些祝福语。但一轮下来，手都累到抽筋了。拍完照，签售会结束，人群慢慢散去，我正揉着双手，舒展身体，抬眼就看到一个男生抱着书站在角落里偷偷看我。

我走过去，问他道："别人都走了，你怎么还在这儿？你是一个人来的吗？"我拿过他手里的书，以为没给他签名。

他比较内向，只是朝我点点头，一副欲言又止的模样。

我问："你有什么需要我帮助的吗？"这时候，我翻开书，看到扉页上已经有签名了。

他这才鼓起勇气跟我说："吕白老师，我有一个问题想要请教你。我在一所专科大学上学，虽然我的成绩在学校排第一，作品还在许多杂志上发表过，我感觉自己已经比周围的人优秀很多了，但我还是会经常对未来感到迷茫。"

他继续说："在宿舍里，我看到室友们逃课、打游戏，我也学着逃课，只是期末临时复习一下，但最后还是能考第一。"

我微笑着点头，示意他继续说下去。

"别人都说我很聪明，年年考第一，但是我不知道……"

我接过话说："你不知道是自己聪明，还是他们过于懒散？"

他没回答，算是默认了。看到他的样子，我像是看到了以前的自己。

2

我在读大学的时候就自己运营微信公众号了，做得还算不错，写出过一些阅读量"10 万 +"的文章，所以我在学校里有一种莫名其妙的优越感，因为学校里没有几个人能够写出阅读量"10 万 +"的文章。但那只是一所名不见经传的本科学校，我只是将自己与周围的同学做比较，想从中找到优越感。

这导致我在大学期间经常会莫名其妙地感到不安和不自信。我总会想，我是否真的那么优秀？我是不是根本就没有什么能力？那时，我与这位男生一样，对未来感到很迷茫，但我一直找不到原因。

直到有一次，我偶然在网上看到一句话：不要从别人身上找安全感。

我的脑子一下就清醒了。原来我认为，自己只要比周围的同龄人优秀就足够了。但是，真的足够了吗？我觉得不够。

优秀不是靠别人来衬托的，而应该是自己的实力。

3

我出第一本书的时候，与一些作家朋友吃饭。在饭桌上，其中一位朋友半开玩笑地说："千万不要写太好啊，别超过行业水平太多。"

我尴尬地回答说："我能不拖后腿就好。"

市面上虽然有很多水平参差不齐的书，但好书更多。对我来说，出书是一件很神圣的事情。回到家之后，我仔细思考了这个玩笑。我发现，我不能这么做！我必须得过我自己这一关，更要对得起每一个看到我的书的人。

所以，我的第一本书卖得还可以，成绩最好的时候，位居当当新书榜第一名。

不去跟别人比较，因为你的对手只有你自己。只有跟自己"死磕"，你才会得到自己真正想要的东西。

你应该从自己身上找安全感，一次次地跟自己较量，这样你才不会患得患失，轻易感到迷茫。当你自己足够优秀的时候，你才会有一种从脚底贯穿全身的底气。当然，前提是你需要将自己作为对手。

没有强大的对手，你永远不知道提醒自己要努力，只会待在舒适区，以一种安逸的姿态活着，觉得自己已经很优秀了，不需要进步了。

如果非要选一个对手，就选自己最想成为的那个人，这样你才会费尽心思，拼尽全力，去成就那个未来的自己。

思维落地：给自己规划一幅未来蓝图

菲尔普斯曾在床头贴着对手的照片，每天起床后和睡觉前都会对着照片默念，今天我一定要再努力一点，因为对手同样也在努力，所以我要比对手更加努力才行。

这样日复一日地给自己心理暗示，菲尔普斯才成为奥运会上获得金牌最多的运动员。虽然他已经成为世界冠军，但他还是会给自己挑选一个强劲的对手，那就是他自己。

建议大家给自己写下未来蓝图。《高效能人士的七个习惯》中有一种说法是做任何事都要经过两次创造：我们做任何事情都是先在头脑中构思，即智力上的第一次创造，然后付诸实践，即体力上的第二次创造。

你在头脑中思考想要达到的目标，这就是第一次创造。你把这些目标写下来，将其可视化，这就是第二次创造，这一步看似不重要，实际上很有用。大家每天要思考很多事情，大脑的负荷很重，你把这些想法分点写下来，就相当于给大脑减负。同时，你写下来的是更利于行动的可视化计划。

1. 找来纸笔，写下自己想成为什么样的人。

2. 重新回顾前文关于自我认知的内容。

看完这本书之后，你有一些想法可能会发生变化，去补充和删减吧。

要不要当第一？

I

我有一个头衔——《一站到底》的冠军。

《一站到底》是江苏卫视的答题闯关类节目，由李好哥和晓敏姐夫妻搭档主持，从 2012 年播出至今，收获了许多忠实观众。

我取得冠军，可以说是"躺赢"①，这要感谢"不二赛霸"李莉。她是来自呼伦贝尔大草原的北方姑娘，毕业于谢菲尔德大学，参加过 50 多场大小比赛，大部分都获得了冠军，永远以第一名为目标，是名副其实的"冠军收割机"。

记得比赛进行到中后期的时候，李莉已经打败了 3 位选手，还剩 4 位，分别是"飞得更高""听妈妈的话""旺旺汪汪""后来的我"。在做选择时，她毅然决然地说："我要选择名人堂选手。"主持人问她为什么，她回答道："夫战，勇气也。一鼓作气，再而衰，三而竭。彼竭我盈，故克之。今天我叫'不二赛霸'，因为我深知'一山不容二虎'的道理。"

当时我就觉得这个看起来柔弱的女孩真的很霸气，心里猜想

---

①网络流行语，意为"躺着就赢了"，表示即便不作为也能赢。

她可能就是我们这场比赛的冠军。但实际情况是，她挑战名人堂选手，以失败告终。那位名叫"飞得更高"的选手想选择我作为挑战对象，问我是不是单身，我说是，他以为我就是"旺旺汪汪"。选完对手之后，他发现自己的对手是名人堂的优秀选手"小辣椒"，最终挑战失败。舞台上的我莫名其妙地"躺赢"了，没有回答一道题就成了那群人中的第一名，成为那场比赛的冠军。

有时候，有些人不费吹灰之力就能成为所谓的赢家，不是因为刻苦努力，可能只是单纯运气好。不得不说，这冠军头衔还是很有分量的，因为节目本身影响力很大，我去很多地方做活动，或者在一些场合做自我介绍的时候，都会加一句"我是《一站到底》的冠军"，大家就会觉得我好厉害。

2

好运气羡慕不来，可"不二赛霸"真的算输吗？

你们身边有没有像李莉一样的女孩？凡事都希望得第一，永远抱着追求卓越的心态，他们的父母和所受的家庭教育也应该很优秀吧。当然，这只是我的猜想。他们的父母可能是老师，他们或许从小就活在父母的期待、同学的期待里，不断地想要做得更好。这样的追求渐渐融入他们的日常生活和学习，成为一种习惯。当优秀成为习惯时，一般人都会觉得这是一件挺"吓人"的事情。2018年，北京大学的徐凯文副教授在做报告时谈到，在出现自杀危机的学生中，父母从事教师职业的比例最高，尤其是中小学教师，其次是医护人员和公务员。

这只是一个小样本数据，虽无法作为严谨的结论，但也反映了一些现象。有些父母，特别是从事教师职业的父母，尤其在意孩子的成绩，不停地将自己的孩子与别人家的孩子做比较。当你得第二名时，他们会问你为什么没得第一名；当你考98分时，他们会希望你下次能考100分。

当然，也有"佛系"父母，相当随意，觉得孩子快乐成长最重要。"知足常乐""比上不足，比下有余""挺好的"之类的话，是这类父母常说的话。小时候的成长环境对人的影响是十分长远的，并非处于高压之下就一定能成长为优秀的人，也并非"放养式教育"之下就不能培养出成功人士。

3

我的一位朋友叫小苏，北京女孩，短发，长相可爱，喜欢日系穿衣风格，看起来很文艺、知性，给人感觉就是个"乖乖女"。她本科攻读的是国内名牌大学的会计专业，她付出了很大的努力才考上那所大学。但熬过了大学四年，她却没有按照既定的路线发展。她说这个专业是她母亲选的，她自己不喜欢。毕业后，在与母亲的一次争吵中，小苏终于爆发了，她哭诉说自己从小就受到压力，她说自己喜欢文字，想去国外读传媒专业。后来，她去了英国。毕竟是亲生父母，他们苛刻的爱也是爱，双方中终会有一方妥协。

现在小苏是自由职业者，从家里搬出来自己住，接一些零碎的活，挣的钱也够用。她时常带着苹果笔记本电脑出门，虽然不用像普通白领早起去公司打卡，但也很少能睡到自然醒，有时还得熬夜整理采访稿。她还在爱彼迎（Airbnb）平台上挂了体验项目：夜晚带人逛北京胡同里的特色酒吧，听世界各地的人讲他们的故事。我曾经跟她讨论过当前的生活，问她是否觉得满意。她答：平淡，知足，挺好的。当时在名牌大学就读的小苏是赢家吗？现在活得开心潇洒、自由自在的小苏是输家吗？

撇开单身这一点，现在的我是符合传统意义上的人生赢家的标准的，有车有房，年薪百万，《一站到底》的冠军，出版的书曾在某榜单排名第一，等等。可曾经的我又何尝不是别人眼里的输家呢？曾经班里专业课第一名的同学这么想过，曾经接到我所发传单的路人这么想过，曾经在公司里见证我的稿子被"毙"50次的同事这么想过。如果当年我把所学的专业（以前我学的是航空乘务专业）掌握好，在头等舱服务，看到前女友和她的老公卿卿我我，我也一定会觉得自己是一个输家。

我现在能成功，多亏曾经那些力争第一，追求卓越的人。

一种情况是，他们太想得到第一，反而没有得到，让我"躺赢"了。另一种情况是，他们让我懂得合理地分散精力，在自己更有潜力的地方做得更好。

我不太喜欢事事都追求卓越，也没有活在别人的期待里。在腾讯工作的那段时间，公司的绩效考核采用五星制。"大厂"的职级分明，给员工提供了双通道职业发展体系，不管你是走专业发展通道，从骨干到权威，还是从基层管理者到高层管理者，都得用绩效说话。除了晋升之外，绩效跟你的直接收入也紧密相关。工作做得好，就会有各种名目的奖励，这些都会体现在收入上。

每一块粗糙的奖牌和每一面小红旗背后，都意味着获得更多的年终奖和奖金红包。但是，五星员工的比例只有5%左右。连续几年被评为五星员工，除了年终奖多以外，第二年的加薪幅度也会随之提高。

大家都想得五星，而当时我的工作成果是有目共睹的，继续努力的话，完全可以冲五星，但是我没有。我觉得能得到普普通通的三星以上的及格成绩就好，我没有在冲五星这件事情上浪费过多的时间和精力，而是去做了其他的事情。因为我发现，做其他事情所获得的收益远比年末绩效考核拿五星所得的奖金多。当同事们还在为拿五星评级而不断努力的时候，我已经跳槽到其他地方当总监了。

我并不是鼓励大家对工作消极、懈怠，而是让大家换一种角度看待卓越与输赢。把优秀当作习惯当然很好，追求卓越，能力出众，要承受的压力和付出的努力也是成倍的。如果你天性如此，从小受到的教育以及成长环境也让你能欣然接受，这样做，并且享受其中，那也未尝不可。因为成为家长们茶余饭后闲谈中的"别人家的孩子"，也是一种荣光。但这样的人毕竟是少数，不管是"二八定律"还是"正态分布"，都直观地告诉我们：大部分人都是普通人。

你想成为什么样的人？无论是过轻松平淡的日子，还是吃苦在前，享受在后，又或是关注当下，知足常乐，都可以。所谓的成功、卓越，所谓的输赢，都没有绝对的定义。

你的人生不是活给别人看的，别人只会看结果。真正的人生是一段经历，是一个过程，包含着最真实的切身体验，这其中的

艰难困苦、喜怒哀乐、酸甜苦辣都只能自己去感受，因为世上本就没有感同身受这回事。

李莉、小苏，都不是输家。在不同的道路上，她们成了自己理想中的样子。我也是。

思维落地：重新审视蓝图，看清你自己

生活要有目标，但不能只为了目标而活。当你追逐一个又一个第一名，并实现目标以后，你可能会发现，这些目标不过是生活的一部分罢了。

1. 你可以多问问自己，你到底想要什么。

2. 想一想那些让你能坦然面对的生活，那些让你能更轻松地保持专注的时刻，那些让你多年后回想起来依旧骄傲满满的片段……这里面究竟有什么事是你真正热爱的。

电影《无问西东》中有个人物叫吴岭澜，他在清华大学读书，是一个文科成绩优异，但理科成绩糟糕的学生。梅贻琦找他谈话，想劝他读文科。他不愿意，因为他觉得在那个时代，所有优秀的人都在学实科。

梅贻琦接着问他求学的目的是什么。他回答，不管学什么，把自己交给书本，就觉得踏实。

梅贻琦又对他说，他忽略了一件事——真实。

吴岭澜不解。

梅贻琦娓娓道来："人把自己置身于忙碌当中，有一种麻木的踏实，但丧失了真实，你的青春也不过只有这些日子。你看到

什么，听到什么，做什么，和谁在一起，有一种从心灵深处满溢出来的不懊悔，也不羞耻的平和与喜悦。"

每个人拥有的时间都是短暂的、有限的，希望大家拥有放松的心态和自信，活出最闪耀、热情、真实的自己!

知行合一：
坚定不移地按照原则行事

▶▶ 世界上能让你变得优秀的道理不会超过 20 条，你要做的不是再去搞懂新的道理，而是严格地、坚定不移地按照自己的原则行事，不被任何短期利益绑架。

你懂的道理不需要太多

1

前一段时间和朋友去喝酒，他喝醉了，抱着垃圾桶骂骂咧咧地说了一句很"鸡汤"的话：懂得了很多道理，却依旧过不好这一生。

我说兄弟你喝太多了，他却一直摇头说："我好失败。"

你以为他很邋遢，是一个酒鬼？其实不是。在外人看来，他是那种非常光鲜亮丽的精英，见客户时，穿西装皮鞋，回头率很高，冬天穿风衣，帅到让人忍不住想要问他风衣的购买链接。

当我带着他踉踉跄跄地走出酒吧的时候，我突然想：为什么很多人懂得了很多道理，却依旧过不好这一生？

既然这句话很流行，就有它流行的道理。

我想起自己曾经也制订过很多计划，往年还会列一些必读书单，但最后发现那些书都没有读。不过，我的成长还是在继续。

2

拼多多的创始人黄峥早年和段永平一起与巴菲特共进午餐。

在后来的采访中，黄峥表示，巴菲特讲的东西其实特别简单，连黄峥的母亲都能听懂。这顿饭对他的最大意义在于让他意识到了简单和常识的力量。人的思想是很容易被污染的，当你对一件事做判断的时候，你需要了解其背景和事实，了解之后，你需要的不是睿智，而是面对事实时是否还有勇气用理性、用常识进行判断。

我对他说的这段话印象特别深。

这几年，我遇到无数"大咖"，我发现他们没有那么遥不可及，没有那么高深莫测，很多优秀的人说的话、讲的道理，一般人也都知道。

有一次，我读巴菲特的故事，突然领悟：原来，我们不需要懂太多道理，要做的只是知行合一。

以前，我看到"知行合一"这个词时，觉得它很虚。但是，现在我明白了，其实很少有人能做到知行合一。大家明白一个道理是一回事，做事情可能又是另一回事。

懂得常识的人很多，但践行常识的人太少。杰克·韦尔奇曾说过一句名言：**你们知道了，但是我们做到了。**

如果有机会采访《原则》的作者瑞·达利欧，我可能会提出这样一个问题：您认为对您来说重要的 10 条原则是什么？

3

其实，这个世界上我们应该看的书不超过 20 本。你可能会问：那为什么市面上还有那么多书，而且还能畅销？

因为 99% 的人一开始是读不懂那 20 本书的，所以需要先看别的书来入门，然后慢慢读懂那 20 本书中的只言片语。人终其一生，是为了能理解、读透那 20 本书。

同样的道理，世界上能让你变得优秀的道理不会超过 20 条，你要做的不是再去搞懂新的道理，而是严格地、坚定不移地按照自己的原则行事，不被任何短期利益绑架。

我们知道的道理、原则那么多，能真正按照其中的 10 条去做，就足够让我们过好一生了。

我总结了几条对自己来说重要的原则以及底层逻辑的法则，在此分享给大家。

1. 知行合一。知道就要做到。

2. "二八定律"，把时间和精力放在人生中最重要的 20% 的事情上。

3. 探寻本质。如果我不能了解一件事的本质，我就会不断地问为什么。

4. 飞轮效应。如果一件事违背了我"一份时间卖多次"的原则，那我就不做。

5. 相信专业。相信专业的人做专业的事，不要与他们比专业度。

6. 杠杆原理。借用杠杆撬动资源和财富。

思维落地： 列出重要的人生原则

请列出 5~10 条对你来说非常重要的人生原则，以及你想实践的底层逻辑法则。

多向"大咖"学习

I

按照家里的安排，本来我可以随便上一所专科学校，然后去体制内工作。

第一次高考模拟考试，我的分数非常低，因为我大部分时间都没怎么看书。突然有一天，我觉得这样下去不行，便开始思考我要怎样才能考上一所一本大学。

我自我剖析了一下：我是"学渣"，没有才艺，有什么优势考大学呢？

首先，我明确了一个大方向：考艺术类专业。因为艺术类专业的考生录取分数相对来说低一些，毕竟让我用一年的时间变成学霸基本不可能。

接着，我又想：在艺术类专业中，我可以选择什么？舞蹈、画画都不行。也没学过播音，所以播音也不行。后来，我注意到有一个专业叫航空乘务。其实，很多人都不知道航空乘务是艺术类专业。这就是信息差。

在人生的很多次选择中，我都会找一条没有那么多人的赛道，这样竞争就没那么激烈。

为什么我会有这样的"赛道理论"呢？因为我喜欢看人物传记，我会看这些成功的人在成功之前是如何选择的。这是改变我后面的一些人生走向的关键。

以前我看过"投机教父"维克多·尼德霍夫的故事。学生时代，他的一种思维改变了他。当时他考上了哈佛大学的硕士，因为喜欢下棋、打球等活动，所以他想读一个既不用怎么去上课又能有很高绩点的专业，于是他选择了哈佛大学商学院最热门的经济学系。

为什么学经济呢？因为他发现商学院的老师有很多项目，经常让高智商的学生去工作，由于几乎没有额外的酬劳，因此只能给学生不错的分数。

所以，尼德霍夫虽然没怎么上过课，但他每门课都能得到甲等成绩。这是改变他人生的投机选项，他会从很多看似没有机会的事情中找到机会。

很多人都喜欢研究"大咖"辉煌的现在，而我更喜欢关注他们还未崭露头角时的经历。

2

最近，我最大的感悟是向没什么资源，没什么预算，没什么名气，但能取得结果的人学习。因为在他们成功的因素里，个人方面的因素所占的比例会更大。如果你是一个普通人，那你就要谨慎地分析一下自己想要学习的"大咖"，他们成功的底层逻辑究竟与你有多大关系。

世界上极为富有的人之一比尔·盖茨创立了微软公司，深刻地影响了世界，而盖茨从哈佛大学辍学的行为也深刻地影响了一代人。大家认为他创造的这一切与他的聪明、果敢、有想法不无关系，甚至觉得他这是从普通人到精英的逆袭。

直到后来，大家才发现，比尔·盖茨能成功，除了他自己付出努力外，他的父母助力颇多。

他的爸爸，人称"老比尔·盖茨"，是一名退休律师兼慈善家，他在华盛顿积累了丰富的人脉和良好的政商关系。而盖茨创立的微软公司也在华盛顿。

他的妈妈玛丽·盖茨出生于银行世家，是一名成功的女商人，还是华盛顿州金县联合劝募协会（King County's United Way）的首位女性总裁，也是全国联合劝募协会（United Way of America）执行理事会的第一位女性主席。开一家公司，与银行打好交道非常重要，在这一点上，盖茨的妈妈给了他很大助力。

比尔·盖茨的成功不可否认，但如果是一个普通人，在分析他如何获得成功时，就需要正确归因。

人们都爱分析因果，无论是对人还是对事。大家接触"大咖"的时候，总希望能从他们身上找到某种成功的诀窍或秘密，以复制出他们的成功。

虽然历史在重复，个体经历的事情大多相似，但是，如果归因错误，就很可能找错模仿对象。比如我自己，就是一个家境普通、资源普通的人，在一无所有的时候，靠着一步步努力走到今天。在我的逻辑中，我更愿意学习像我一样，没有什么背景和资源的人的做事方式，因为这与结果是强相关关系。我认为，我去做相似的事情，所获得的结果应该偏差不大。

决策时，只有正确归因，才能找到真正值得自己学习的取得成功的底层逻辑。

3

这一年，我在疯狂给自己做减法。以前，我会加很多微信好友，这样反而不能维护好人际关系，还经常浪费时间和精力。

其实，我们不需要有太多好友。

很多人应该都听说过"二八定律"吧，大家对"二八定律"的理解可能是 80% 的财富掌握在 20% 的人手里，然后觉得这是一句正确的"废话"。如果你这样想，那你就没有真正明白这个定律的含义。

我仔细观察后发现，真正让我获得幸福和快乐，且对我有助力的人不超过 10 个人，而我平时接触的人远不止 10 个人，我甚至在其他人身上花费了更多的时间。所以，我开始定期删除好友，有意识地对自己和他人接触的时间做分配。当我这样做的时候，我发现自己更有活力，而且在工作和生活中的表现也更好。

你会发现，当你认识了一个特别重要的人时，他会不断地给你介绍新朋友，这个人就是你的"超级人脉连接器"，他是你需要重点维护关系的人，因为他节省了你结交新朋友的时间。你只需要和重要的人一对一交流，然后让他们带你进入新圈子即可。在"超级人脉连接器"出现之前，你可以多参加饭局，以实现一对多交流。

大家不要先入为主地觉得这是一种功利的做法，我并不是单纯地以价值来评估交往对象，我有一些还未成名的朋友，他们也在我重点交往的人员名单里，因为我们在一起很快乐。财富是人生所需的一部分，除此之外，还有很多重要的东西。你要接受的是，人生确实要经历不断的告别，你会失去一些人，但你要知道，在不断向上的过程中，如果对方能够跟上你成长的步伐，或者他的确是你生命中重要的人，那么你们总有一天还会相遇。

商业哲学家吉米·罗恩曾经提出著名的"密友五次元理论"：你的财富和智慧是与你亲密交往的 5 个朋友的平均值。

成长是痛苦的，多向"大咖"学习，在学习的过程中汲取能量。如果"大咖"在 100 层楼的高度，那么我相信，你很快也会到达 20 层、50 层、99 层楼的高度。

张磊曾说，世界上只有一条护城河，就是企业家们不断创新，不断地疯狂地创造长期价值。

思维落地：梳理你的人脉

现在请你打开微信，看看好友列表，你会发现，跟你聊天最多的人不一定是对你来说最重要的人。那么，如何找到那些对你来说重要的人呢？我给你三个建议。

1. 回顾过去，回想一下与哪些人交往的片段是让你印象最深的。最先出现在你脑海里的人，除了已经告别的男友／女友和逝去的亲人，还有一些是曾经给你帮助的人，或行业里很优秀的人，因为没有定期联系，你们疏远了。这个时候，你不妨尝试找找他们的联系方式，将他们重新纳入你的联系人名单，联系上之后，再评估一下他们现在的重要程度。

2. 关注现在，观察让你在交往中耗费时间和精力最多的人是谁，然后问问自己，哪些人是值得维护关系的。比如，他曾经帮助过你；他是你的"超级人脉连接器"；和他在一起，你可以收获很多新的认知；等等。把这些人的名单列好。你也可以反向思考：和哪些人交往时不太舒服；对哪些人付出很多，却没有回报；与哪些人聚在一起时，大多做一些无营养的抱怨；等等。你可以勇敢地把这些人暂时移出名单。过一段时间后，如果你发现没有他们，你的生活没有受到影响，甚至更好了，你就可以大胆地与他们切断联系了。

3. 展望未来，找到你想要成为或想要结交的"大咖"，用本小节所讲的方法找一些资料来判断他们对你的价值，判断他们是否适合成为你的职业偶像，然后有计划地让自己出现在他们的讲座上，或利用现有的人脉来接触他们，比如约饭局等。

"大咖"不会主动走向你，但你可以走向他们，与他们共同向上。

理财思维：
通过你的认知来变现

▶▶

不要担心自己赚不到钱，也不要因为赚到了钱而高兴得太早，提升认知是你最需要做的事。当你提升了认知水平之后，哪怕你现在还没赚到钱，也不必太着急，你的财富一定会很快跟上你的认知提升的速度。

人生中的第一个 100 万

I

我人生中的第一个 100 万是我把握住行业风口赚到的，因为站在风口更容易赚到钱。

2014 年，我开始运营微信公众号时，还没有什么人涉足这个领域。我发现，在一个行业中，如果竞争对手比较少，你就更容易脱颖而出。

我慢慢掌握了这个领域的逻辑。在这个过程中，我加入了一家公司，慢慢成为内容运营负责人，后来成为联合创始人。在这家公司，我拿到了非常高的工资。这也是我赚到的第一笔财富。

后来，我凭借自己的能力给其他公司或团队培训，赚到了第二笔财富。

紧接着，我又赚到了第三笔财富。我发现，微信公众号能推广一些校园 App，于是我就用它来推广合作的 App，赚到了人生中的第一个 100 万。

所以，想要赚钱，要先抓住风口，并且要在风口期做自己擅长的事情。

2

但很快我就把这 100 万给亏没了。

当时我就像一个暴发户一样，突然有钱了，买了很多奢侈品，衣服、皮带、钱包全都是名牌。我还非常大方地请朋友喝酒，去酒吧就要很贵的卡座，去唱歌一定会选豪华大包间。

我觉得我很有钱，也很会赚钱。

我还做了投资理财，买了一些消息股①。我到现在还记得我当时听一位前辈说 ×× 股票一定会涨，因为那家公司的大老板打算好好搞那块业务。于是，我买进了不少股票，心想听前辈的话总没错。结果，那家公司出了问题，我的股票被套牢了。

后来，我进行反思时，才意识到，当你的认知水平不足以与你的财富相匹配的时候，你的财富很快就会没了。

快速赚钱没什么问题，但我认识的快速赚到钱的人最后都赔光了，因为他们的认知水平还不足以与这份财富相匹配。

3

前两年，我又抓到了一个新风口——知识付费。

我做了一个课程，这个课程可能是国内销量极高的知识付费的课程之一，有 36.9 万人次收听。可想而知，最后的收益也是非

---

①指有内幕消息，信息未公开的股票。

常高的。

因为这个课程卖得很火，我修改了内容，将它写成书，在中信出版社出版了。现在这本书已经销售了近 4 万册，又给我增加了一些收益。

同时，因为书和课程的名气，我的身价也提高了，很多企业让我去讲课，请我当顾问，让我做项目。

通过这些，我就比赚到第一个 100 万更加踏实了。我发现，这笔财富是我通过踏踏实实地把自己的认知和技能变现而赚到的。

因此，当我再赚到 100 万时，我才真正学会了"钱生钱"，并且开始关注投资、基金、股票。

希望你能通过自己的认知来变现。不要担心自己赚不到钱，也不要因为赚到了钱而高兴得太早，提升认知是你最需要做的事。

凭运气赚到钱，迟早会亏光。当你提升了认知水平之后，哪怕你现在还没赚到钱，也不必太着急，你的财富一定会很快跟上你的认知提升的速度。

思维落地： 人生中的第一个 100 万

1. 回顾一下自己是怎么赚到第一桶金的。如果你还在努力，那么你也可以规划一下如何赚到人生的第一桶金，然后写下如果你有了 100 万，你会怎么支配。希望你能坦诚地写下自己内心真实的想法。

2. 当你写下自己的财富支配方案后，请思考一下，这样的规划是否正确与合理，你的认知水平能让你做到这些吗？应该如何避免像我一样亏掉 100 万？

小白投资，首选不是赚钱，而是保本

I

想要获得财富自由，可以通过创业、加入创业公司、投资这三条路实现。因为我之前亏过钱，所以我把市面上所有与巴菲特相关的书都看了一遍，我觉得他有几点讲得特别好。

第一点，要找到杰出的公司，在这家公司出现危机时买入股票。

大家都知道，腾讯是一家好公司，贵州茅台集团是一家好公司，但很多人没有在合适的时间买入这些公司的股票。什么是合适的时间呢？就是公司遇到危机的时候。

第二点，要长期持有股票。

讲一件有趣的事情。当年巴菲特投资比亚迪时，正好赶上比亚迪出事。那时比亚迪的股价很低，但巴菲特还是买入了比亚迪的股票，大家说巴菲特"廉颇老矣"。后来，比亚迪的股价涨了两三倍，大家又说"巴菲特不愧是巴菲特"，但巴菲特依旧持有股票。

再后来，比亚迪的股价腰斩，降得比原来还低，大家又说巴菲特太贪心了，果然没有好结果。

以后的日子里，比亚迪的股价涨了数十倍，然后又往下跌。大家又开始幸灾乐祸，说巴菲特再也不是神。直到现在，投资比亚迪成为巴菲特相当赚钱的投资之一，大家开始感慨：巴菲特永远是巴菲特。

其实，巴菲特什么都没有做，他只是选中了这家公司，并且长期持有这家公司的股票。

我自己也有同样的经历。之前我买了一只基金，总共6000多块钱，因为这只基金在App里的购买入口很深，我后来就把这笔钱给遗忘了。两年后记起来时，我一看，没想到涨幅达到108%，两年翻了一倍。

我突然理解了长期投资的道理。现在我如果买了某只股票或基金，就会立刻把App卸载掉，因为如果不能持有两年以上，就很难赚到钱。

2

假如你选择投资，我建议你的第一个选项是保本，而不是赚钱。

我现在的100万是这么分配的。首先，我会把其中的40%投在"沪深300"，"沪深300"的意思就是中国最好的300家公司，本质是求稳，而不是追求超额收益。

保本之后，第二个选项才是赚钱。除了"沪深300"，我还会投30%的指数基金，而且是智慧定投，我会跟着一些有信誉的专业的基金经理买，因为他们从业十几年一直在做基金，始终如一。

什么时候适合卖呢？当你提前拿到了你要的收益时，你就可以卖掉股票或基金就像你存定期存款一样，预计两年以后达到10%~15%的收益，如果这个目标提前达成，你就可以提前取出来。不要贪多，贪多就容易被套牢。

思维落地：请让投资帮你赚钱

1. 如果你还没有做投资，请开始研究投资理财的相关概念，你可以在一些基金理财平台了解并买入一些头部基金。

2. 如果你已经在做投资了，请思考自己是否做到了"选择一家好公司，并长期持有该公司的股票"。延迟满足感，学会用钱赚钱。

关于发财和变富的一些感悟

1

不断买进资产，卖出负债。

除了一些公认的投资方式，比如购买一线城市的房产，还有一些其他途径也可以让你赚到钱。

我有一个朋友，为了在一个新城市开拓新业务，用公司的名义买了一辆劳斯莱斯，没事就在小圈子里接送一些想认识的人。对他而言，车既可以抵税，又可以充门面，拉近他和目标客户的关系。

两年以后，他的公司发展得不错了，他把那辆劳斯莱斯卖了，不仅没赔钱，还小赚了一笔。

2

多用杠杆，穷人和富人最本质的区别就是富人懂得利用杠杆，而穷人不懂。

我在赚到第一桶金的时候就拿了一部分钱来做投资，那时候我不懂理财，但知道买房是不错的投资，于是我借助房地产的红利给自己加了一个大杠杆。后来我果然靠这个赚到一笔钱，买的房子一直在升值。

后来，我渐渐理解，这个杠杆不只是投资。

影响力和资源也可以成为杠杆，比如你考上了名校，有了名校毕业的头衔，你去了BAT①，你成了管理层，你出了书，等等，这些事情本质上都是用一个杠杆来撬动另一个杠杆。

要记住，想发财，必须加杠杆。最近我跟好几个朋友聊天，他们都说自己是因为学会了用钱赚钱，才拥有了现在的财富。想发财，不加杠杆，不会用钱赚钱，注定只能一直辛苦。

3

赚钱要懂得水到渠成的道理，先有10万，才有100万，才有上千万。

赚钱是一件很有意思的事情，就像打游戏一样，打怪升级。第一笔钱必须达到一定数量才行，比如靠工资攒下20万，然后拿出一半配置基金，使财富升值到40万。这时，可以在二线城市加杠杆，付首付买房，使财富升值到100万。这时，就可以在一线城市买房、买车，使财富升值到500万。然后，可以抵押房产，选择配置基金、信托等能获得更高收益的理财方式。

越往上，你积累的财富越多，新的财富就会来得越快。

---

① 指百度、阿里巴巴、腾讯三家公司。

4

要和优秀的人做朋友，一起做事，一起做一点与"钱"有关的事。如果高攀不上优秀的人，可以买他公司的股票，成为他的股东。

要相信专业的力量，我们不可能让自己精通所有行业，所以，做任何事之前，先问问专业的人，不要自己直接去尝试。比如，理财就很难学会，也很难反复试错，你需要跟着厉害的人买入最稳健的基金，然后定投，长期持有。

投资理财时，也请牢记"成功 = 赛道 × 效率"的公式。如果要投资，就找到未来最厉害的赛道，投第一名或投整个赛道。未来什么赛道最厉害？看钱在哪里，当年"4万亿"经济刺激计划的钱投到了房地产领域，现在钱又在哪里呢？

相信第一，相信马太效应，相信赢家通吃。

最近，我又想明白了一个道理：为什么第一名的公司的股票越来越贵，甚至远超其自身所创造的价值？比如茅台集团、腾讯、特斯拉。因为他们卖的是未来 10 年人们对这个行业的估值，讲的是未来的故事；而第二名卖的是第一名现在的市值，讲的是现在的故事。

人类永远相信未来。

思维落地： 写下你对财富的认知

我喜欢在没事的时候用手机中的便签写写最近的收获和感

悟，很零碎，但很有用。

我将这个方法推荐给你，不管你有没有理财投资的经历，不管你现在处在哪个阶段，我都建议你认真思考一下自己对金钱、财富、杠杆的理解，写下你此时的金钱观、投资观，立下一个小目标：未来要赚多少钱？

相信我，再过一年，当你回顾时，你会发现自己的认知进步不少。

请写下：

1. 你对金钱的理解。

2. 你在投资理财中如何使用杠杆？

3. 你见过哪些让你匪夷所思，但细想又觉得很有道理的赚钱方式？

4. 未来 5 年，你希望赚到多少钱？目前你为此做了哪些努力？

元的 C 轮融资，正在筹备上市。你意气风发，开始每天接受各大新闻媒体采访，开讲座，做演讲，成了所谓的"青年创业导师"。在一次创业大赛中，作为评委的你仿佛看到了很多个从前的自己。但是，你"否定"了他们。是的，只要保持现在的状态，或许你的人生会一直精彩。

但我还是要给你敲响警钟，切忌骄傲自满，目中无人，永远都要记得当初带你"出道"，给你机会的人。没有他们的指引，你现在不知身在何处。

如果有一天，他们跟不上你的步伐，或者做错了什么，不要埋怨他们，因为他们对你有知遇之恩，是他们给了你丰富自我的机会。

如果有一天，你自己也忘了初心，请你努力找回初心。

如果有一天，你看到有人像当初的你一样，用力拉他一把，就像有人曾经拉过你。

可能二：努力坚持自己的梦想

得知这 5 年里你过得非常不顺利，我深表遗憾，但我还是敬佩你能走到现在。

这 5 年里，你在工作中屡屡受挫。在腾讯这家人才济济的公司里，你不再显得独一无二。你擅长的事情，总有人比你做得更好。交房租时的窘迫，饮食的不规律，整日的加班，爱情的破裂，让你在 25 岁的年纪已添了不少白发。这一切仿佛都在诉说着自我价值实现的艰难。

在最近这两年的工作中，你兢兢业业，早到晚走，倾尽全

后记

5 年前我给自己写下的信

可能一：努力做原本的自己

首先，恭喜你，你过上了自己梦寐以求的生活。同时，也祝福你可以在职业生涯中更进一步。走到这一天很不容易，希望你好好珍惜现在的一切，希望你的追求更纯粹。坚持本心！

我猜你现在自豪、自大，甚至目中无人，因为一切都是那么顺风顺水，你在 25 岁的年纪得到了自己想要的人生。你毫不理会当初的合伙人对你定下的目标的抱怨，你只是感叹"夏虫不可语于冰"，你越来越觉得他们属于"庸人"。

这两年，你运筹帷幄，扎实地做好全方位的校园服务，从"一校，一平台，一社团"的"三位一体"模式，扩展到校园金融、校园仓储、校园餐饮配送、校园生鲜配送的整合。终于，继人人网之后，你成了新的"校园霸主"，你策划着一次又一次的收购、合并。

公司的业绩节节攀升，每天有数千万的现金流，拿下了数亿

力，但成绩还是无法让自己满意。有一次，在一个重要项目的执行过程中，你终于得到一个证明自己的机会，但仿佛是上天注定一样，你出乎意料地发挥失常。副总的点名训斥，主管的"责任到人"，同事们的冷嘲热讽，让你感觉人生似乎毫无希望。

你甚至开始怀疑自己是否适合这个行业，想放弃近10年来的坚持。这时，我仍劝你坚持初心，记住你最初的梦想。

就像一段话说的那样：

置身人生绝境，你必然会饱受痛苦的煎熬，忍受非人的折磨。它迫使你不得不躲在一个偏僻的角落，反观自身的内心和灵魂，扫清思想上的障碍，触摸心灵中最脆弱的部分，对生命进行深层的、近乎本质的思考，正视这突如其来的人生绝境，把它当作一块磨炼人的砺石，锤炼自己，激发生命活力。

所以，请好好努力吧！为生活，为家人，为事业，更为了那个一直在努力的自己！

最后的话

人类历史上的伟大科学家大多是在年轻时就提出理论学说的。

爱因斯坦，26岁时提出狭义相对论，提出广义相对论时也才36岁，物理学知识比他多的人实在太多，教授、学者比比皆是，但正确的真理模型掌握在他手中，他成了这个世界上伟大的科学家之一。

王东岳曾说，博学绝不是真理，不要寻求无边的博学，而是去寻求思想整顿、思想功夫，这才是获得知识力量的源泉，这是我给大家的提示。你不能从忙碌的工作、经验积累中获得长进，你得在有限经验的思想整理中获取知识的力量。

我的经历正是这样。

我是表演型人格的人，我喜欢在内容创作工作中得到正反馈，再用正反馈来支持自己做分享、做内容，支持自己花更多的时间来梳理、输出自己的想法。我越来越相信，在自己从事的内容创作领域，一旦逻辑成立，实践一定成立。

比如，"爆款内容都是重复的"这句话就是我作为内容创作者的底层逻辑，后来得以验证，果然如此。

再后来，我做过短视频平台的运营，做过整合营销，做过品牌打造，批量做火过市面上几乎所有社交媒体平台的内容，无一不是用了"先假设，再试验，最后放量"的思维。

其实，生活总是会带给你超出预期的惊喜。我每年都会做一个规划，后来发现，每年的实际结果都比规划更好。可能是因为运气，也可能是因为一些巧合的机会，总之，我很感恩。

现在，我正走在第三种可能的道路上，这并不是5年前的我能想到的，但我知道，是我那时候发自内心的思考和信心带我走到今天的，而始终不变的是我对内容创作的坚持，对事物的思考，对创造的热爱。

现在，请你也思考并写下自己想要什么样的未来。

在思考之前，过去的只是时间；在思考之后，过去的才是光阴。